书院研究

书院研究

第一辑

SHUYUAN YANJIU

DI YI JI

过常宝 主编

河北大学出版社
·保定·

出 版 人：刘相美
责任编辑：田　阳
装帧设计：赵　谦
责任校对：耿兆飞
责任印制：常　凯

图书在版编目（CIP）数据

书院研究．第一辑 ／ 过常宝主编．-- 保定：河北大学出版社，2024．10．-- ISBN 978-7-5666-2496-3

Ⅰ．G649.299

中国国家版本馆 CIP 数据核字第 2024T59U71 号

出版发行：河北大学出版社

地址：河北省保定市七一东路2666号　邮编：071000

电话：0312-5073003　0312-5073029

网址：www.hbdxcbs.com

邮箱：hbdxcbs818@163.com

印　　刷：保定市正大印刷有限公司
幅面尺寸：170 mm × 260 mm
字　　数：170千字
印　　张：12
版　　次：2024年10月第1版
印　　次：2024年10月第1次印刷
书　　号：ISBN 978-7-5666-2496-3
定　　价：98.00 元

序

中国书院肇始于唐代，兴盛于宋代，经元、明、清至今，始终承担着学术创新、人才培养、地域教化和文化传承与传播等功能。此外，中国书院文化早就远播东亚等地区，在域外形成了独特的文化现象，为当地教育、学术、礼仪及建筑等领域的发展作出了重大贡献，在构建东亚文明体系方面发挥了关键作用。

莲池书院创办于 1733 年，是清代最具代表性的官办书院，曾被誉为“全国书院之冠”“京南第一学府”。莲池书院汇聚了黄彭年、张裕钊、吴汝纶等名师巨擘，秉持“经世致用、入古出新、南北合流、中西交融”等理念，培养了清代末科状元刘春霖、北洋政府教育总长傅增湘以及贺涛、高步瀛等知名学者，形成了以保定为中心的“北方桐城派”。同时，莲池书院“举中外学术会于一冶”，开设东文学堂、西文学堂，招收日本留学生，与朝鲜时期的文人进行互动，为东亚的教育和文化交流作出了重要贡献。

2022 年 7 月，河北大学和保定市人民政府签署协议共建莲池书院，旨在重塑“莲池书院”精神内涵和文化品牌，开展以书院为中心的传统文化和区域文化研究与教育工作，打造开放性、多学科、国际化的中华优秀传统文化和区域文化研究与交流高端平台。

“不积跬步，无以至千里；不积小流，无以成江海。”莲池书院正在传统书院传承发展、融入现代大学教育、服务地方文化建设等方面积极实践，开拓创新，探索新路径，构建新范式，塑造新格局。莲池书院为搭建书院交流的平台，推介书院研究领域的优秀学术成果，特出版《书院研究》，秉持学术性、开放性和创新性的原则，汇聚国内外关于书院历史、文化、教育及艺术等相关学术论文。

我们在莲池书院研究、书院历史研究、书院文化研究、书院当代发展研究等栏目中，共收录《吴汝纶执掌莲池书院的办学举措及深远影响》《莲池书院文化品牌复兴路径》《莲池书院开放办学与书院文化的输出》《河北古代书院的发展历程及其特点》《宋代书院发展模式的启示与借鉴》《关中书院的历史传承与创新发展》等 19 篇论文，从不同视角探讨了国内代表性书院的历史传承和现代发展，希望可以为书院研究贡献力量。

目录

莲池书院研究

吴汝纶执掌莲池书院的办学举措及深远影响

钱念孙[1]

吴汝纶（1840—1903），字挚甫，安徽桐城南乡（枞阳）人。清同治四年（1865年）进士，曾入曾国藩、张树声、李鸿章幕府，又曾任直隶州深州知州、天津代理知府、直隶州冀州知州。光绪十五年（1889年）主动辞官，出任保定莲池书院山长兼主讲。光绪二十八年（1902年）五月，以京师大学堂总教习身份率团赴日本考察学制，同年十月回国在安庆创办桐城学堂，次年正月病逝于家乡。

吴汝纶不仅做过主政一方的官员，也是为曾国藩、李鸿章出谋划策乃至对朝廷决策产生影响的谋士，[2] 更是晚清享誉海内外的著名文人、学者和教育家。他的文章“衿炼典雅，意厚气雄”，被公认为激荡清朝文坛200余年桐城派的最后一位“古文宗师”。他又是成就卓著的学者，除著有《易说》《尚书故》《夏小正私笺》等经学专著外，于经史子集均有涉猎和研究，成果斐然且富有见识。他还是闻名遐迩的教育大家，任深州、冀州

---

① 钱念孙：安徽省文史研究馆馆员，安徽省社会科学院研究员。

② 李景濂《吴挚甫先生传》：“是时中外大疑大计，一决于国藩、鸿章二人，其奏疏多出汝纶手。”见施培毅、徐寿凯校点：《吴汝纶全集》第4册，黄山书社2002年版，第1128页。又贺涛《吴先生行状》：“先生既受学曾公，曾公‘国士’目之，与闻大谋，辄为草奏。李文忠公代曾公总督直隶，尤倚重焉。”见《吴汝纶全集》第4册，第1140页。

知州时，曾力促两州文教蔚然而兴，被誉为畿辅之冠；[①] 出掌莲池书院后，又使之成为四方生徒和海外学子趋之若鹜的学堂，成为名师汇聚、俊秀辈出的北方学术文化重镇。这里略述吴汝纶接手莲池书院的办学举措和深远影响，以窥其远见卓识及当代价值。

一

中国古代的书院，是由官办或私办的聚徒讲学、研究学问的教育场所兼学术机构。我国最早的书院，是唐玄宗开元六年（718 年）出现在东都洛阳的官办丽正书院，开元十三年（725 年），改称集贤殿书院，主要是校勘、整理和收藏图书的机构。此后出现的一些私办书院，则主要承担收徒教学的任务。到了宋代，以教学为主的书院已在各地星罗棋布，较著名的有江西庐山的白鹿洞书院、湖南长沙的岳麓书院、河南登封的嵩阳书院、湖南衡阳的石鼓书院、河南商丘的应天书院、江西上饶的鹅湖书院等。元代中后期，“崇学校为育材之地，议科举为取士之方”[②]，书院如雨后春笋般大量涌现。明代末年，统治者为强化对社会的控制，认为一些书院群聚徒党、空谈废业，对书院严加遏制和管控，造成悲惨而壮烈的“东林书院事件”，致使书院多被拆毁和禁废，所剩者寥寥无几。清初统治者调整思路和政策，一方面于清顺治九年（1652 年）明令禁止私创书院，另一方面在雍正十一年（1733 年）把复兴书院作为“文治”的措施，明令在全国各省会复建书院。“各省书院之设，辅学校所不及，初于省会设之。世祖颁给帑金，风励天下。厥后府、州、县次第建立，延聘经明行修之士为之长，秀异多出其中。”[③] 与以往相比所不同的是，清代的书院已不允许私

① 马其昶《吴先生墓志铭》：“深冀二州书院，遂为畿辅冠。”见《吴汝纶全集》第 4 册，第 1153 页。

② 宋濂等撰：《元史·选举志一》，中华书局 1976 年版，第 2018 页。

③ 赵尔巽等撰：《清史稿》，中华书局 1977 年版，第 3119 页。

办，而是全部官学化了。

清政府复兴书院的“文治”举措，仿佛春风吹拂大地，各地书院如冻土融化下的草芽应运而生。莲池书院因地处直隶省首府保定，更是得风气之先，堪称率先破土抽条拔节者。当时的直隶总督李卫接朝廷诏令，闻风而动考察院址，认为环境幽雅宁静、文化氛围浓厚的古莲花池，“林泉幽邃，云物苍然，于士子读书为宜”。此处自元代起就有贾辅建造的藏书楼“万卷楼”，也曾是著名大儒郝经居住的“中和堂”，其格局既规整端庄，又灵动秀雅，素有“城市蓬莱”之称①，自然是设立书院的一方宝地。

莲池书院从清雍正十一年（1733 年）创立，到光绪三十年（1904 年）停办，走过 170 余年不算长也不算短的历史旅程。乾隆年间，桐城派开派大师——方苞的后代、时任直隶总督的方观承雅重文化，对莲池书院进行大规模改建修缮，建成春午坡、含沧亭、万卷楼、高芬阁等十二景，逐一绘图题词呈报朝廷，乾隆皇帝大加赞赏，并在其上各题七绝一首。乾隆四十六年（1781 年），乾隆视察莲池书院，即兴作诗对直隶总督方观承和莲池书院给予褒扬：“直省督勤书院规，保阳独此号莲池。风开首善为倡率，文运方当春午时。”他还题诗勉励莲池书院的师生：“兹来阅诸生，颇觉知趣向。所期正学敦，讵夸词藻畅。处为传道器，出作经世匠。棫朴方在兹，勖之毋或忘”。② 皇帝的褒奖、总督的重视，再加上优越环境和区位优势，莲池书院声名鹊起，影响日隆。书院鼎盛时万卷楼中藏书达 3 万余卷，堪为北方书院之最，吸引众多学子于此进德修业。

如果说，莲池书院在乾隆年间曾如中天丽日，以灿烂阳光让人感叹其辉煌耀眼，那么，到光绪年间则似黄昏夕阳，仍以瑰丽的晚霞让人惊赞其绚丽夺目。这一晚霞夺目的画卷，起笔构图于李鸿章作为“中兴名臣”，在平定太平天国和捻军、建立赫赫“武功”、担任直隶总督后，也想在“文治”上大展身手，对近水楼台的莲池书院特别眷顾，不仅数次增加书

① 穆强主编：《保定市文物志》，中国社会科学出版社 1990 年版，第 60 页。

② 李鸿章等修，黄彭年等纂：《畿辅通志·宸章三》，光绪十年刻本。

院拨款经费，还先后延揽和任命黄彭年、张裕钊、吴汝纶三位名臣宿学担任书院山长。至于画卷晚霞胜景的纵情挥洒与工笔绘就，则源于三位书院山长倾心办学的有力举措和崇高个人魅力。其中，吴汝纶任职书院山长时间最长，辟划尤多，为莲池书院在晚清国势衰微中走向鼎盛辉煌写下浓墨重彩的华章。

吴汝纶出任书院山长，可谓机缘巧合。光绪十四年（1888 年）六月，时任直隶总督兼北洋大臣的李鸿章致信原书院山长张裕钊，“以江汉书院虚悬，鄂中人士延企名德”为由，示意张裕钊可回家乡湖北主持江汉书院，而莲池书院接任者“适张幼樵学士还自塞上，北学之秀，曾主问津，津人至今慕念，将来如延置礼堂，定能画守萧规，不坠孔业也”[①]。这里提到的张幼樵，乃清末大臣、李鸿章的女婿张佩纶也。张裕钊接信，自然明白李鸿章要他让位给其女婿之意，立即辞职转赴江汉书院。但接任者张佩纶原系福建会办海疆大臣，中法战争时致使福建水师全军覆灭，马尾船厂遭毁，被革职流放张家口刚获释回家待业。得知将由他接替张裕钊，“莲池诸生闻之大哗”，明确表示此事如果成真，则绝不上课。张佩纶原在士林中口碑较差，见此事人言汹汹，也迟疑不敢赴任，由此造成莲池书院山长一时虚悬空缺。

吴汝纶在直隶官场摸爬滚打十余年，尽管政绩不俗，声誉颇隆，但他在家书中屡次抱怨“疲于宦事”“淡于宦情”，倦于官场规则和应酬。光绪六年（1880 年）五月十三日，他还在与其弟的通信中说：“吾性爱读书，于官不相宜，每念李、杜穷困而能辞荣，今人则姚、梅诸公亦能之，高山景行，不可及也。官直隶者，前有赵惠父，近日闻方存之亦已辞官，吾甚羡之。而吾移家北来，此岂吾心所安者！徒以事劳，实逼处此耳，念之怅然。”[②] 正是有此种性情和心态，当他得知莲池书院山长之位虚席时，便谒

① 李鸿章：《致莲池书院长》，见顾廷龙、戴逸主编：《李鸿章全集》第 34 册，信函六，安徽教育出版社 2021 年版，第 384—385 页。

② 吴汝纶：《与两弟》，《吴汝纶全集》第 3 册，第 614—615 页。

见李鸿章，提出辞官从教的要求。李鸿章当时正为张佩纶迫于舆论而无法就任之事烦恼，而吴汝纶之毛遂自荐又深孚众望，便落得做个顺水人情，使此事“立谈之间，遂已定计”。[①]

二

吴汝纶于光绪十五年（1889年）二月卸任冀州知州，赴任莲池书院山长，至光绪二十八年（1902年）辞离书院，前后执掌书院13年。对于自己甚为钟爱并能发挥平生所学之长的这一岗位，他上任伊始便尽心竭力，为书院适应晚清“数千年未有之变局”[②] 的形势发展，做出一系列新的部署和改革。

其一，调整考课，强调文章学问的经世致用之功能。莲池书院考试分“官课、斋课、古课”三门。“官课”由“五大宪”即总督、布政使、按察使、清河道员、知府等地方长官轮流拟题阅卷，次数较少也无固定时间。[③]“斋课”主要检查学生做八股文及默写和解读经书的能力，“古课”偏向考查学生对经史子集等古文掌握及理解的程度：两者均由山长出题阅卷，每月考查一次。吴汝纶到任后通过连续几次摸底考试，既认为侧重应付科举的斋课“举业者讲求未精”，又发现注重古课的“为古学者已有数人，造诣颇不凡近”[④]。他对考核优秀者予以奖励，“斋课”考试第一名每次可获8两奖银，“古课”考试第一名每次可获10两奖银。由此可见，他作为桐城派后期宗师，对古文学习写作和生徒综合修养的重视，也可见出他作为一代教育家的卓越眼光，即书院学习的根本目标不只是科举应试，而是学成之后“穷则以孝悌忠义化其乡，达则以经济文章酬乎世”，洋溢着从曾

---

① 吴汝纶：《与诒甫》，《吴汝纶全集》第3册，第641页。

② 李鸿章语，见李鸿章光绪元年《因台湾事变筹画海防折》。

③ 孟繁峰等编著：《古莲花池》，河北人民出版社1984年版，第37页。

④ 郭立志编：《桐城吴先生年谱》，见《晚清名儒年谱》第12册，第109页。

国藩到李鸿章都极力宣扬的经世致用的思想。尤为值得称道的是，书院设立的优考奖银，并非只限于书院内的学生，院外各地学子也可参与，只要考试成绩优异均可获奖。[①] 这种“英雄不问来路”的公开而开放的考奖策略，既无形中撤除了书院的院墙，勉励学生在更大平台努力竞争，又将书院教学成果拓展和辐射到全社会的众多学子，极大提升了书院的社会影响力和美誉度。

其二，引入西学，主张新学与旧学并行不悖。光绪之前的莲池书院，课程设置主要围绕四书五经、八股文、试帖诗等科举应试需求开展。黄彭年、张裕钊主持书院后，增加朴学内容和古文分量，亦有日本学生宫岛勖斋等渡海前来向张氏学习。吴汝纶在承续黄、张办学思路的同时，最大的改革就是旗帜鲜明地引入西学。他认为：时局日新，“将来后生，非西学不能自立于世”[②]。他一方面鼓励和指导学生阅读翻译的西学书刊，以扩充知识和见闻；另一方面于光绪二十二年（1896 年）在书院增设西文学堂，后又设东文学堂。两个学堂分别聘请外教如英国传教士贝格耨、日本学者野口多内、中岛裁之等为教习，以英语、日语教育为主，兼学欧美历史、地理、政治、格致（指物理、化学）等。莲池书院创办外语学堂，兼习英语和日文，开全国风气之先，自然也引发非议，及庚子事变起，义和团打着“扶清灭洋”旗号打砸学堂，致使师徒星散……时距西文学堂创立不过 4 年。

吴汝纶积极倡导西学，同时尤为看重传统，坚守和维护中华文脉的立场异常坚定。作为科举出身又热心西学的古文大家，他认为：“六经传记所遗留的伦理学，实立国不刊之典。”而姚鼐选编的《古文辞类纂》，二千年高文略具于此，“可令周孔遗文绵延不绝”，“此为学堂必用之书，当与六艺并传不朽也”，“六经不必尽读，而此书决不能废”，“即西学堂中，亦

---

① 白晓津主编：《保定市南市区志》，新华出版社 1990 年版，第 242 页。

② 吴汝纶：《与萧敬甫书》，见《吴汝纶全集》第 3 册，第 209 页。

不能弃去不习，不习则中学绝矣”。① 吴汝纶在讲求西学的同时，强调不可废毁传统，认为《古文辞类纂》集中华文化之精粹，理应列为学堂“必用之书”。这既显示他对桐城派先贤传扬古文的礼敬，更表明他对中华文化经典的珍视。

其三，服务社会，充分发挥书院多方面作用。吴汝纶执掌书院后，发挥多年官府任职联系面广的特点，不仅在办学资金筹措方面为书院增加可观拨款②，在改进当地民风文教方面与地方有识之士“月一会书院”讨论方案，③ 而且与当时淮军创办的新式军事学堂“新武学校”（即保定军校的前身）结成共建学堂。李鸿章任职保定期间，其麾下的淮军公所特设新武学校，参照英、法、日等国军事教学训练之法，以兼采众长，务求实用为原则，培养近代化的新型军事人才。为此，李鸿章急需通西文之人，鉴于“书院中兼习西文，亦恐止莲池一处也”④，便与吴汝纶商定，以淮军公所之名义委托莲池书院，为其官兵教授西文与日语，以培养懂外语的专门军事人才，经费从“保定淮军公所岁修生息余款中，岁提四百金”⑤。莲池书院与淮军公所合作，共建新式军事学堂新武学校，既为淮军官兵提升文化素养作出贡献，又增加书院经费来源，使书院作用在更大范围得到发挥，可谓多得之举。

其四，改进学制，谋求富国智民之道。作为出身科举、游走官场、复而从事教育的“能臣”，吴汝纶深知开启民智，提升国民素质的重要。在他看来：“今之内治者，无所谓富民之道也，能不害其生斯贤矣；无所谓智民之道也，能成就之使取科第于有司斯才矣。……循是不变，穷益穷，

---

① 吴汝纶：《答姚慕庭》《答严几道》，见《吴汝纶全集》第 3 册，第 185—186 页，第 235 页。

② 吴汝纶到书院不久就上书李鸿章说：“经费过少，不足以养育成就之。”仅此一次求援，就使书院每年增加经费 1000 两。见郭立志编：《桐城吴先生年谱》，载《晚清名儒年谱》第 12 册，第 109—110 页。

③ 参见马其昶：《吴先生墓志铭》，《吴汝纶全集》第 4 册，第 1153 页。

④ 吴汝纶：《与李季皋》，《吴汝纶全集》第 3 册，第 255 页。

⑤ 吴汝纶：《与方伦叔》，《吴汝纶全集》第 3 册，第 256 页。

愚益愚。今外国之强大者，专以富智为事，吾日率吾穷且愚之民以与富智者角，其势之不敌，不须言而决矣。”[①] 如果说，在这里他只是表达对科举制度的不满，那么，他在致李鸿章之子李经迈的信中，则直呼“应废去科举”。光绪二十四年（1898 年）戊戌变法，光绪帝下诏废时文（八股），改试策论，吴汝纶闻之说：“端午诏书，竟废去时文不用，可谓大快。……窃谓废去时文，直应废去科举，不复以文字取士。举世大兴西学，专用西人为师，即由学校考取高才，举而用之，庶不致鱼龙混杂。”[②] 尽管戊戌变法如昙花一现，百日维新很快失败，吴汝纶上述改进学制的设想未能尽付实施，但他关于废科举、兴西学、建学校、取高才的教育思想，不仅切中时弊，而且堪称睿识，为后来的历史发展所印证。

三

莲池书院在黄彭年、张裕钊尤其是吴汝纶的悉心培育和苦心经营下，至 19 世纪晚期，已然成为北方地区最具影响力的学术文化重镇，也是全国闻名遐迩的教育改革先行之典范。在吴汝纶等的不懈努力下，莲池书院高扬中西融合、积极进取的学术风尚，为北方乃至全国各地培养了大批饱学之士，为清代最大散文流派桐城派开辟出强劲有力的北方支脉，在直隶文化史及中国书院文化史上写下辉煌的一页。

悉心培养人才，是吴汝纶主持书院的一大功绩，也是莲池书院产生广泛影响的重要缘由。吴汝纶“在保定十年，以新学倡导士子，风气豁开，积习梳薙，士多以英伟识时务著声，后来兴事创业者，咸出其门”[③]。如有“北方大师”之称的信都书院主讲贺涛，清末状元、直隶省教育厅厅长刘春霖，民国教育总长、版本目录学家傅增湘，著名学者、北洋政府教育部

① 吴汝纶：《送季方伯序》，《吴汝纶全集》第 1 册，第 145 页。

② 吴汝纶：《与李季皋》，《吴汝纶全集》第 3 册，第 194 页。

③ 吴闿生：《先府君事略》，见《吴汝纶全集》第 4 册，第 1158 页。

次长吴闿生，深州文瑞书院山长赵衡，大同知县、诗文大家李刚己，史学大家、清史馆总纂柯劭忞等，他们人生的发展都曾得到吴汝纶的指导，并与莲池书院特有的文化熏染有着紧密关联。傅增湘曾这样回忆师从吴汝纶的情状："辛卯（1891年），随侍居保定，时吴挚甫先生主讲莲池书院，从游者多一时英隽。余进而问业，因以粗识读书之道，为文之法。先生教人以致用为主，宴坐侍谭，盱衡古今，于国家理乱之机，中外政教之要，与夫穷变通久之宜，三致意焉。会外患方亟，国是纷纭，先生所以勤勤诏诲者，欲使通达世故，乘时自效，匪徒以文士相期也。"① 吴闿生在《吴门弟子集》的序言中也说："畿辅人才之盛甲于天下，取巍科、登显仕，大率莲池高第。江、浙、川、粤各省望风敛避，莫敢抗衡，其声势可谓盛哉。……北方风化之转移，人文之浡兴，自先公知深、冀，守天津，启其端，及莲池十载而极其大成，驯致有后来今日之盛，此天下所共见。"②

吴汝纶通过个人魅力和莲池书院的影响，不仅吸引北方地区众多优秀士子到书院深造，为官府及社会各界培育大批人才，同时注意将得意门徒推荐到信都、观津、文瑞等直隶地区其他书院任山长，形成了一个以书院为平台、以师友关系为纽带的文化传播网络。正是在这个传播网络的有利作用下，吴汝纶继承黄彭年、张裕钊的余绪而扩大之，为桐城派在北方区域发展开拓了新的支脉。对于这一支脉，王树枏称之为桐城派的"河北文派"，当代有学者则因支脉人员多半直接或间接与莲池书院相关，便将其命名为"莲池派"。③ 刘声木《桐城文学渊源撰述考》卷十集中梳理这一支脉的人员，注明"此卷专记师事及私淑张裕钊吴汝纶诸人"④。其中共收录和评述186人，其中17人籍贯不明，剩下的169人中，有103人的籍贯均

---

① 傅增湘：《藏园居士六十自述》，见杨光编著《最后的名士——近代名人自传》，黄山书社2008年版，第221页。

② 吴闿生编：《吴门弟子集》，河北保定莲池书院1930年刊行。

③ 王达敏：《曾国藩总督直隶与莲池新风的开启》，《安徽大学学报》2014年第6期，第61—70页。

④ 刘声木：《桐城文学渊源考撰述考》，黄山书社2012年版，第285—318页。

属于直隶各州县。1930年由吴闿生编印的《吴门弟子集》，收录吴汝纶主持莲池书院时78位声名颇著弟子的诗文作品，每人三五篇，合起来竟有11册之多。① 这表明桐城派后期在北方广为传播，主要得力于以吴汝纶为中心的直隶“莲池派”；也说明莲池书院作为北方的重要学府，对后期桐城派的发展具有举足轻重的作用。

莲池书院在吴汝纶主持下声名远播，还成为当时北方中外文化交流的枢纽和平台。书院学生邢赞亭回忆：“东西方学者之来游，每过保定，辄欲一谒先生，先生亦乐于接洽，必使之满意而去。日本汉学家梅原融、本田幸之助、上野岩太郎、金子弥平等，时以文字求指正，往来不绝。中岛裁之伯成，更航海负笈来游，请列门墙，与诸生共进退。”② 吴闿生在《先府君事略》中也记叙：“先君喜接纳外国人与欧美名师，上下议论，意气勤勤恳恳，见者无不倾倒。英美人林乐知、李提摩太之属，皆慕交先君，美教士路崇德尝语人曰，‘吾见中国人多矣，学识襟抱，未有万一及吴先生者，真东方第一人也’。日本同文之国，于先君尤亲厚，门人中岛裁之，绝海来从问学，日本人之在中国者，无论道路远近，必踵门求谒，丐书诗文通款洽为荣。”③ 吴汝纶在当时国外学者心目中的崇高位置，莲池书院成为中外学术文化交流中心之盛况，于此可见一斑。

作为目光敏锐和高瞻远瞩的知名教育家，吴汝纶乐于与外国人交往，关键是要从中获取新知。他为严复翻译的《天演论》作序，主要是认为“天演之学，在中国为初凿鸿蒙”④。他向生徒推荐李提摩太的新书《泰西新史揽要》，大量摘录韦廉臣的《古教汇参》，以及时常聘请或推荐外国传教士及友人来书院传授西学，也是为广览而周知，“欲瀹民智而以自强

① 吴闿生编：《吴门弟子集》，河北保定莲池书院1930年刊行。

② 邢赞亭：《莲池书院回忆录》，《河北文史集粹》（教育卷），河北人民出版社1991年版，第6页。

③ 吴闿生：《先府君事略》，见《吴汝纶全集》第4册，第1159—1160页。

④ 施培毅：《吴汝纶全集·前言》，见《吴汝纶全集》第1册，第4页。

也”[1]。他广泛结交来华日本人士，如西京知事大森锺一，牛庄领事田边熊三郎，诗人种竹幸之助、金子弥平，东京富人大仓喜八郎等，既有为日本人掌握汉学提供帮助，向日本传扬中华传统文化的意图，更在于通过频繁接触，了解东瀛由明治维新而迅速崛起的内在动因和具体做法。他认为日本引进西学而发生的变化，对中国变法图强具有参考价值，这也是他后来坚持要东渡扶桑考察其学制的深层思想基础。

吴汝纶热心中外文化交流，还对异域来华者尽量给予方便和帮助，充分发挥他们的作用。如光绪二十三年（1897 年），日本人中岛裁之以个人身份蹈海来到中国，赴保定莲池书院拜吴汝纶为师钻研汉学。收下这位远来的弟子，吴汝纶对其生活、学习等均考虑周到，除亲自为其讲解学问外，还让他同时担任家中子弟英语和日语的教授工作。莲池书院受庚子事变冲击无法正常办学，吴汝纶鼎力相助中岛裁之在北京创办东文学社，为中国取消科举后兴办新式学堂培养急需的教师人才。从 1901 年 3 月开办到 1906 年底，先后有 1700 多名中国学生在北京东文学社学习，而远渡重洋来学社执教的日本教习也多达 50 余位。[2] 如此积极发挥外籍教师的作用，既为北方涵育一批掌握外语和新学的人才，也为中国旧学制改革和兴办新式学校作出了贡献。

回眸吴汝纶执掌莲池书院的作为，其开放灵活的办学理念与宽松多样的教育模式，加之其以古文宗师而倾情西学所形成的中西并包的独特文化魅力，既使天下英才尽趋之，又为国家培育众多杰出才俊，于直隶文化乃至整个中华文化的传承与发展厥功至伟。而他率先开设西学课堂与招收国外留学生的国际化眼光及气魄，不仅彰显传统书院向现代型学院转化的诉求与趋向，更在促进中外文化交流中加快了中国“睁眼看世界”的进程，为中国社会的现代转型奉献了一份可贵的力量。

---

① 李景濂：《吴挚甫先生传》，见《吴汝纶全集》第 4 册，第 1135 页。

② 参见张静等著：《五千年中外文化交流史》第 3 卷，世界知识出版社 2002 年版，第 496 页。

吴汝纶躬耕莲池书院的岁月早已成为过往的历史，但他当年敏锐宏阔的眼光、开拓进取的气概、勇于谋事和善于成事的能力，却是留给后人的珍贵精神文化遗产，对我们今天建设社会主义现代化强国仍有许多启示意义。

莲池书院文化品牌复兴路径

过常宝[1]

清雍正时，下令在各省会建立书院，当时的直隶总督李卫在保定创办莲池书院，是直隶地区最高的官办书院。此后，在曾国藩、李鸿章、袁世凯等直隶总督的关照下，莲池书院达到顶峰，造就了“畿辅人才盛甲于天下……江浙粤省望风敛避，莫敢抗衡”的局面。可以说，莲池书院前后170年，是古代官办书院的典范，是北方书院的表征，集古代书院之大成，开近现代教育之新风，代表了一个时代的文化风尚。

2022年上半年，保定市政府与河北大学签约共建莲池书院，委托河北大学管理、建设莲池书院，着眼于充分发挥高校在学术研究、教育教学、文化推广方面的优势，意在全面开掘和创新莲池书院的传统文化功能，复兴和光大莲池书院的文化品牌，使其成为保定市的文化金名片，成为全国优秀传统文化继承、创新和传播的新高地。河北大学获得如此重大历史文化现场，亦深感责任重大，经多方探讨，拟依如下路径，充实莲池书院的文化内涵，振兴莲池书院的文化品牌。

一、优秀传统文化的新境界

莲池书院是优秀传统文化的一个重要表征，尤其是在晚清时期，其文

---

① 过常宝：北京师范大学文学院教授。

教昌盛，一时无双，其背后的时代因革、文化嬗变，更是丰富多彩。它作为一个新的历史时代的官办书院典范，本应与南方岳麓书院等，前后相续，南北呼应。但事实上，目前莲池书院的文化影响力相对要薄弱得多。从知网统计，有关莲池书院的研究文章大约在 70 篇，而有关岳麓书院的有 500 余篇，两者之间有着巨大的差距。所以，欲使莲池书院文化影响力得以彰显，必须开展切实的学术研究，深刻发掘其丰富的文化内涵，主动对接新时代的文化建设事业，使得莲池书院成为一种鲜活的文化存在，并且行稳走远。而这是河北大学的优势所在，也是河北大学的历史责任。我们认为，莲池书院文化研究应特别关注如下三个方面。

（一）文化大脉的赓续和革新

莲池书院是官办书院，传承着官方意识形态，其基本教学内容包括四书五经和科举应试技艺等，但莲池书院有着自己的文化责任和学术担当，如黄彭年入主莲池书院时，就在《莲池书院增修讲舍记》一文中质疑道："诸生来居于此，为其可以习举止而博科第、登显要乎？"他认为那种想法是"坏天下国家之事而有余"，于是在经学之外，增设朴学，讲授史学和语言文字学，也讲"中外形势之扼塞，四方风俗之美恶，古今政治之得失"。张裕钊、吴汝纶先后主持莲池书院近 20 年，使得桐城派的中心由南方转移到直隶，使得直隶成为中国学术的中心。桐城派有实学的传统，此时莲池书院提倡边疆史地研究，引导学生重视军事国防，培养了大批经世致用之才。有学者认为，莲池书院使北学在经过清代中期的沉寂后得以复兴。而北学，即传统经学，是中国学术的主流，复兴后的北学加强了实学的内涵，促使学风、文风、士风得以由空疏转为务实，显示出与时俱进的革新的姿态，体现了深厚的民族文化责任感。

（二）融汇东西的文化理念

晚清时期，中西文化激荡，莲池书院自觉置身于文化变革的前沿，主动探讨学习、借鉴西方文化技术。张裕钊时常鼓励书院诸生学习西方天文、数学、测绘等知识，在莲池书院鼓荡起西学之风。吴汝纶认为中西各有所长，西方所长在于“博物、格致、机械之用”，只有“取其长，乃能共竞”，他在莲池书院分别开办了西文学堂、东文学堂，教授英文、日文，以及外国地理、政治和哲学。莲池书院还多方聘请欧美、日本的教习，广交国际友人，这在当时众多书院中，是一个非常独特的现象。莲池书院还着意于中华文化的国际传播，招收外国留学生，如中岛裁之、宫岛大八等，都是慕张裕钊、吴汝纶等之名，前来求学。他们回日本后开设了东京同文书院、善邻书院等，教授中国传统学术，并在日本形成了张裕钊书法风格的书法艺术流派，促进了中华文化海外传播，增进了国际民间之间的友谊。

（三）现代高等教育的开拓者

莲池书院是传统官办书院，但却引领了全国的教育教学改革。除了以上所述在教学内容方面的务实和开放的态度外，还曾与淮军公所开展文化共建，教授官兵西文与日语，促进了书院文化与近代军事思想的结合，这在当时也具有非凡的开创性。莲池书院对中国近现代高等教育的影响也十分显著，如吴汝纶在结束莲池书院任职后，被任命为京师大学堂总教习，他此后赴日本考察，对西学认识加深，又体现在新式学堂的教学中。曾任教育总长的大学者傅增湘，早年就读于莲池书院，他由此感悟平民教育的重要性，创办了中国最早的女子师范学校——北洋女子师范学堂，又拟定了清廷学部奏请兴办女学的纲领性文件——《女子师范学堂章程》及《女子小学堂章程》。负责筹建京师女子师范学堂，即后来的北平女子师范大学。可见，莲池书院在推动中国近现代高等教育方面有着突出的贡献，是中国教育史上一个难以企及的高地。

莲池书院是中华优秀传统文化的一个重要标志，曾在中国文化发展变革史上起着巨大的作用。为阐发莲池书院的优秀传统文化内涵，河北大学拟成立专门学术机构，汇聚全国乃至全世界同行，加强对莲池书院的文化研究，产出更多更有分量的学术成果。此外，还拟在古莲花池内再现莲池书院的文化盛况，增加书院文化因素，包括人物、制度、文献、场景等的介绍，通过塑像、影像、虚拟技术等，再现莲池书院的文化要素和文化影响，传播莲池书院文化。

二、传统育人模式的新使命

莲池书院在人才培养方面有着非凡的成就，其生徒中不乏国学大师、文武高官，而且通常是学者和官员兼于一身的人，如新疆按察使、方志学家王树枏，教育总长、版本目录学家傅增湘，教育部次长、国学大师吴北江等，此外，还有清末状元刘春霖、“代总统”冯国璋、古文字学家于省吾等，可谓人才辈出。莲池书院的教育理念、教学内容、教学形式等，都值得充分研究，并为我们今天作育英才提供宝贵的借鉴。这是莲池书院文化最为重要的内涵之一，应予以高度重视。

（一）发掘传统教育的现代价值

莲池书院沿袭了唐宋以来的书院办学传统，在其兴办之初，就以“劝学兴德”为办学目的，唯才是举，有教无类，教学内容以传统经典为主，致力于筑牢生徒的思想文化根基，注重培养学生“义理、考据、辞章、经济”等方面的能力，同时，也教授学生科举应试及社会服务技能，并与时俱进调整授课内容；教学既讲尊师重道，严格礼仪规范，也鼓励师生当面论辩、平等探讨，并将学习和生活相结合，培养生徒自我管理的能力，讲究知行合一。在这 170 年中，莲池书院汇聚了当时最为著名的学者和教育家，如孙嘉淦、汪师韩、章学诚、邵瑛、黄彭年、张裕钊、吴汝纶等，他们的教育教学思想也是中国文化的宝贵财富。莲池书院当时在官方和民间都享有极高的声誉。如直隶总督那彦成在道光十年（1830 年），将家中收藏的唐宋元明以来的墨迹珍宝献出并镌刻于莲池书院南墙，定名为《莲池法帖》，以备学子临摹。莲池书院的教育模式和教育家，在一定程度上可以说是浓缩了古代教育教学的精华，是中华优秀传统文化要素之一，值得当代教育借鉴。

（二）复活书院教育教学形态

为了发扬光大莲池书院的教育传统，我们将在认真研究的基础上，组织河北大学师生，复活莲池书院某一历史阶段或多个不同阶段的教学活动，包括课程、教学方式、礼仪制度、组织形态、服饰场景等，恢复莲池书院常规举行的释奠礼和释菜礼，在古莲花池长期或定期展示，使其成为古莲花池最具代表性的游园景观。我们还将挑选部分莲池书院真实课程，组成传统文化系列专题，聘请当代名师授课，向公众和游客开放，并发放证书，使得当代民众可以真切地感受传统书院教学境况，身临其境地理解传统文化的精髓。抑扬顿挫的读书声和青青子衿的身影，将是莲池书院文化复兴的一个标志。

（三）创新有特色的书院式教学

今天，不少大学都实施了书院制教学，这些书院制往往借鉴西方大学的模式，大多只是增加一些通识课或跨系活动，效果并不突出。河北大学拟充分借鉴莲池书院的教学和管理经验，在大学教学体制内设置莲池书院。书院教学将选择不同专业的学生，参照传统书院规制，集中管理，在本专业课之外，学习优秀传统文化、区域文化和书院文化知识，参与莲池书院的日常管理工作和推广活动，使得学生能够真正成为复合型人才，将莲池书院作为第二课堂落到实处，以文化人，并建成具有中国传统特色的大学书院，促进大学教育教学改革。

三、城市文化地标的新高度

习近平总书记指出：“文化是城市的灵魂。”以文化空间建设来重塑城市灵魂，这对于加强市民民族文化自信心和归属感、幸福感，提高城市社会治理水平和凝聚力，树立现代城市形象具有重要的意义。

（一）凝练城市文化精神

保定曾是畿辅重镇，在政治和军事文化上有着深厚的底蕴，但它作为历史文化名城，在很大程度上是因为莲池书院的贡献。毛泽东主席曾经说过："莲池之所以有名，关键是莲池书院有名，莲池书院在清末可称为全国书院之冠。"莲池书院广纳天下英才，造就无数国家之栋梁，赋予保定崇文尚礼、重教敬才的文化品格。清乾隆皇帝曾七次视察莲池书院，并多有题赠或作诗勉励，历任总督皆重视莲池书院建设，奠定了莲池书院尊贵的地位。英法德意联军入侵保定、国内军阀战争都对莲池书院造成破坏，但战后皆能得到本地绅商军政人士，乃至各界平民的大力支持，而得以复兴。由此可见保定官民对莲池书院的珍爱，这就是一种城市精神。据统计，保定自唐代以来共设有近 50 所书院，此外，保定还是中国近现代高等教育的策源地之一，今天依然是高等学校的聚集地，可谓文教辉煌，德泽绵绵，而莲池书院则是这所"全国书院之城"的灵魂所在，莲池书院体现着城市文化精神。

（二）重塑城市文化地标

当下，保定市政府正开展古城改造，统筹推进书院建设和周边环境改造，将周边菊胡同、西大街等片区纳入整体规划设计，形成完整的古城文化核心区保护更新规划，突出了莲池书院的核心地位。我们相信，经过改造后的莲池书院必将能够体现全国书院之城的历史魅力和文化气质，同时也必将成为一个更加现代化、更具美感意蕴的城市地标。与此相适应，书院自身建设将采取当代最先进的展示技术、互动方式、传播途径，增强场景设置和开放性，全面提升市民、学习者、游客的体验感和获得感，使得莲池书院的文化影响力和旅游效益得到显著提升，使得莲池书院成为举世闻名的城市文化地标。

（三）品牌锻造和国际化推广

开展莲池书院整体 VI 设计，在突出传统文化、保定特色的基础上，设计具有鲜明风格和视觉冲击力的"莲池书院"品牌形象及对应的视觉识别系统。制作多种形式的影像作品推广宣介材料，与不同形态的媒体开展合作，系统而持续地传播莲池书院文化，使得"莲池书院"文化品牌具有广泛而突出的社会影响力。此外，河北大学将组织学术力量，在适当时候向联合国教科文组织等机构申请传统教育类文化遗产或其他文化标志；将组织校内教学资源，筹备创建全球网上中国文化书院，以现代技术传播中华优秀传统文化，汇聚全球中华文化爱好者，提升莲池书院和保定市的国际影响力。

四、城市文化空间的新格局

河北大学将与保定市政府联合，在将莲池书院打造成为城市新地标的同时，将其建设成为一个富有魅力的、高水平的城市文化空间。所谓城市文化空间，主要围绕城市文化的典型要素，如历史遗迹、标志性建筑、城市文化设施、特色街区（社区）等，以及历史人物、历史事件、民俗传统等，将其建设成为城市文化展示、创新和交流的平台。我们将利用莲池书院这一宝贵的历史文化资源，着眼于保定优秀传统文化资源的开掘和拓展，着眼于传统文化与当代城市生活的交融，着眼于城市文化品位和文化影响力的提升，打造一个高水平的城市文化空间。

（一）引领“全国书院之城”建设

2021 年，保定市提出创建“全国书院之城”的口号，得到全市人民的积极响应。莲池书院作为中国传统书院的典范，在“全国书院之城”建设中有着举足轻重的作用。河北大学莲池书院将在研究、复兴莲池书院文化的同时，开展“书院之城”研究，为市政府提供智力支持。同时，将利用莲池书院、周边设施和大学校园，面向社会各阶层，开展多种形式的书院及传统文化研究、交流、展示、推广和培训活动，让书院文化和“全国书院之城”的观念、知识深入人心，将“以文聚力，以文化人，以文兴城”的理念落到实处。

（二）推动城市文化内涵式发展

在莲池书院内设立传统文化研修基地和儒学传习机构，面向市民和大中小学生，开展多种专题讲习、经典研读、夏令营、“传统文化进校园”等活动。举办莲池书院文化大讲堂，邀请国内外著名文化大家来莲池书院开设高层次的系列讲座。邀请公共管理或相关领域专家，举行连续性城市话题论坛。面向党政干部文化研修、乡村文化振兴、社区文化工作、企业文化建设、非物质文化遗产、文化产业和文化创意等，开展分类培训工作。组织各类区域文化和保定建设成就展览。成立国际非遗大师工作坊，定期邀请联合国非遗项目外国专家来莲池书院进行表演、展示和交流。与北京师范大学国际写作中心合作成立莲池书院写作中心，恢复出版《莲池》文学杂志，推动保定文学事业的进步。

（三）培养人文产业创新人才

河北大学将与保定市有关部门联合成立莲池书院“双创”基地，开展以文化传承和创意为主的创新创业活动，面向大学生和社会青年，选拔优秀项目，河北大学负责学术和技术指导，保定市负责政策和市场引导，共同培育文化类创业团队、小微企业和优良项目。通过沙龙、训练营、培训、赛事、展示等活动，促进创业者之间的互帮互助、相互启发、资源共享。组建或聘请专门团队、机构为初创团队提供专业服务，积极吸引投资机构提供资金支持。这一创新性举措将有力提升校地青年文化创新的积极性，带动文化产业的发展。

结　　语

保定市在复建莲池书院的过程中，采取与大学合作的方式，由政府制定整体规划，明确建设目标，并给予支持保障，而将莲池书院转隶河北大学，由河北大学具体负责书院建设、管理和运营，是基于对莲池书院的文教特质的深刻认识，是对文化传承创新客观规律的尊重，也是对河北大学的信赖。河北大学接管莲池书院，一方面能使其回归到教书育人的本位上来，另一方面则可以掘深、拓广、延展其文化内涵，从而能更加高效、充分地盘活莲池书院这一文化资产，发挥其优秀传统文化的多项功能。河北大学莲池书院在筹备过程中，得到了岳麓书院、故宫博物院、鲁迅博物馆等以及国内历史、文化、博物馆等方面知名学者专家的支持，这一文化复兴路径融合了方方面面的智慧。相信河北大学将不负众望，建好莲池书院，创建校地合作共同提升传统文化品牌的新模式，走出优秀传统文化继承和发展的新路径。

莲池书院开放办学与书院文化的输出

柴汝新①

书院是中国士人的文化组织。唐宋以来，它为中国的教育、学术、藏书、出版等文化事业的发展，对民俗风情的培植和思维习惯、伦理常态的养成等都作出过重大贡献。河北保定书院肇始于唐代，满城抱阳山上“张说书院”是唐代开元年间宰相张燕公布衣时读书处，为中国最早的书院之一。书院发展经宋、元，兴盛于明、清。到清代，保定书院数量冠绝河北，创建了63所书院，莲池书院更是登峰造极。莲池书院虽在清代建立，不及宋代“四大书院”历史之悠久，但在清晚期闻名遐迩，有“南岳麓、北莲池”之说。1952年，毛泽东主席视察古莲花池时说：“莲池之所以有名，关键是莲池书院有名，莲池书院在清末可称为全国书院之冠。”

清雍正十一年（1733年），直隶总督李卫奉诏在省城保定古莲花池创建书院，名莲池书院，又名直隶书院。莲池因书院而著名，书院因莲池园林秀美，聚引学子，弘扬教化而声播四方。莲池书院是直隶省的高等学府，深受清廷重视，乾隆皇帝七次莅临莲池书院，赐匾“绪式濂溪”，题诗勉励师生。这里不仅名师荟萃，而且人才辈出。张麟甲、尹会一、张叙、汪师韩、章学诚、邵瑛、祁韵士、焦祐瀛、何秋涛、王振纲、黄彭年、张裕钊、吴汝纶等硕儒名家都曾执教于此。在张裕钊等大师主持下，

---

① 柴汝新：中国书院学会理事，保定市莲池书院研究会会长。

莲池书院改革教学体制，创新教育理念，开设古学，提倡实学、新学，接纳西方先进科学知识，反对科举制度，开展中外学术交流，开一代新风，享誉全国，声振东瀛。此书院也曾涌现毕沅、王发桂、刘若曾、冯国璋、傅增湘、张继等高官显宦，还培育出贺涛、李景濂、谷钟秀、刘春霖、王树枏、李刚己、贾恩绂、高步瀛、吴闿生和宫岛大八（日本）等文学高材，以至形成以保定为中心的“北方桐城文派”和在日本的“张裕钊书派”。当时和稍后的文人称誉莲池书院为“北方文化的渊薮”。莲池书院不同于其他书院的最大亮点是开放办学、开办东西学堂、接待外国访问学者、招收外国留学生和中国书院文化的输出。

一、学生有公费、自费之别，允许部分走读

一般书院的学生来源有“儒童”和“生员”两种。在明清时期，凡是要进入府学、州学、县学读书的人，必须经过童试合格才被允许。童试每三年举行两次，每次由县试、府试和院试（清代由本省学政主持的考试）逐级而升。经过院试被正式录取的人称为“生员”，也叫“庠生”，俗称“秀才”。生员属于府学、州学、县学的正规学生，这被称为“入学”。未取得“入学”资格的人，也就是说没有考上生员（秀才）的人，无论年龄大小，都叫“儒童”，也叫“文童”，俗称“童生”。一般书院，这两类学生都有，但授课是分开进行的。

莲池书院则不同，它只招收生员入院学习。这些生员由省内各府、州、县选送，再由莲池书院考试合格，并经过省级官长批准，才能成为书院的学生，这是按照清廷的要求做的。乾隆元年（1736 年）的上谕说：“负笈生徒，必择乡里秀异、沉潜学问者，肄业其中。其恃才放诞、佻达不羁之士，不得滥入书院中。”乾隆九年（1744 年）的上谕又要求各省总督、巡抚会同学政，“将现在书院生徒细加甄别（引者按，指考核鉴定），务使肄业者皆有学有品之人，不得莠良混杂”。清政府据此谕旨又进一步

明确规定："嗣后各省书院肄业之人，令各州县秉公选择报送。各布政使会同专司稽查之道员，再加考验（引者按，指查考检验），其果才堪造就者，方准留院肄业，毋得滥行收送。"这种层层把关的做法，当然有助于提高莲池书院入学生员的质量。莲池书院的招生对象是生员，这是定制。但是对于成绩优异的童生，经直隶总督特别批准，也可以入院学习。

莲池书院在其发展的后期，黄彭年院长创设学古堂以后，又吸收了一些举人和贡生入堂学习。贡生是从地方考选升入京师国子监读书的生员，有岁贡、恩贡、拔贡、副贡、优贡和例贡等，包括通过考试、地方选送、择优保送以及捐纳等途径而取得的贡生资格。举人是乡试（省级科举考试）考中的读书人。按照清代的职官管理制度，举人就有做官的资格，以举人身份入仕同以进士身份入仕，都叫"科甲出身"。在候选做官人员的班次中，按照"选班首重科目正途"的规定，"科甲出身"的人有优先权。恩贡生、拔贡生、副贡生和岁贡生、优贡生、例贡生也都可以被分别选用为教谕、训导等官职。这些举人、贡生入学古堂读书，那是因为所学的功课是科举考试以外的经史学问，通常叫"古学"，对这些人有吸引力。

莲池书院学生享受公费，因此有名额限制。在名额之内的称为正课生；另招收一部分附课生，膳食自费。正课生在每年正月甄别考试时若不合格，即被取消入院读书资格，由附课生递补。正课生与附课生须在书院食宿，统称内课生。另有一部分走读生，称为外课生。光绪十三年（1887年）五月，日本学子宫岛大八来莲池书院求学时，莲池书院学额已满。那时，保定府内有一名英国医生，经常来莲池书院为师生治病，便认识了宫岛大八，态度特别亲切，为大八牵头租赁了一套住房。房主是一位叫耿觐光的老人，原在山东济南府任知县，挂冠以后回到本地。耿对张裕钊非常佩服，让儿子做张裕钊的学生。耿的儿子与张裕钊的儿子张沆结成好朋友。加上这层关系，老人就将房子腾出一部分租给宫岛大八住。正房 12 平方米，用作书房。旁边有三小间房，分别为大八及其佣人卧室和厨房，这样吃、住、学习的地方都妥善解决了。

二、开办东西学堂，增设日文和英文课程

光绪二十二年九月十二日（1896 年 10 月 18 日），莲池书院院长吴汝纶在给学生贺涛的复信中说："故西学捷径，但读已译之书，其弊则苦于不能深入。其导源之法，则必从西文入手。能通西文然后能尽读西书，能尽读西书，然后能识西国深处。"正是基于这样的认识，他于 1898 年夏在莲池书院创办了西文学堂。西文学堂是从书院学生中选拔 17 名资质颖异者参加，由英国传教士贝格耨担任教员。贝格耨是吴汝纶的朋友，情愿代教而不问束脩（酬金）有无。但是吴汝纶还是让每个学生每月交保平足银二两作为酬金。西文学堂章程中规定，学习"以五年为期，五年之内不许告退"，目的是"或望有学成者数人，亦渐于学校中开此风气"。每天授课一个小时，由吴汝纶亲自督率到贝格耨处就学；放学后，学生们集中于莲池书院楼内共同复习英语两个小时。学生们的学习情绪很高。当时，政府官员不允许聘请西人为教员，更不许聘请传教士为教员，但是国人又无合格的西语教员。吴汝纶在给朋友的信中谈过这样一件事："畿辅学堂所聘之英文教习，曾与英美人谈天。吾问英美人，则皆言其说话尚未通也。"——所以吴汝纶坚持聘请了贝格耨。吴汝纶对自己创办西文学堂一事十分满意，他说："书院中兼习西文，亦恐止莲池一处也。"

之后，吴汝纶又向李鸿章建议，在保定淮军公所开办专教皖籍子弟日语的东文学堂。西文学堂、东文学堂的成立，使吴汝纶成为中国近代西学教育的开拓者。东文学堂经费主要来自淮军公所的岁修余款。李鸿章在保定修建淮军公所后，置办了义地产业，每年的收入存于银号生息，这些利息除去祠所每年的开支外尚有余款。吴汝纶以皖人的身份向当时已经不在直督任上的李鸿章请求每年从余款中拨银 400 两用来供教师的酬金和膳食费，得到批准，另有地方官员的捐款作为杂支零款。东文学堂的培养对象主要是淮军皖中子弟，名额为 20，另招外省附学生员 10 人。外省附学生

员每月须交保平足银二两作为学费。无论此项事业成败与否，在淮军公所开设东文学堂训练淮军皖中子弟，明显有“励精图治、学成后再与日本入侵者一决雌雄”的深意。不唯如此，吴汝纶还勉励东文学堂、西文学堂学生赴国外留学，“必须精通外语。熟习各国政治，始能宏济时变，以御外辱”。东文学堂还订有章程，其中规定，“入学以五年为限，至速亦须三年”，“不满三年不得他往辍学，违者无论皖省外省，一律罚出五年修金，照每月二两核算”。为鼓励学生学习，章程许诺：“（学习）一年之后，挑选高等生送人同文馆三班学习，二年之后选入同文馆二班，三年选入头班。一入同文馆，不惟月有膏火（奖学金），并为入仕（当官从政）径路。每届钦差出使（出国），必酌带同文馆学生数员，愿出洋者即可随往。其不送同文馆留堂肄业者，但能用心精进，不患无仕进之路。”

虽然吴汝纶非常得意自己创办的东、西文学堂，但由于学的是西洋和东洋文化，因此也差点引来杀身之祸。当时无论是在保定还是在朝廷里，社会主流对东文学堂、西文学堂并不支持。因为当时科举制度并未废除，人们普遍认为所谓“学堂”是离经叛道的事，有些清廷官员甚至非常敌视在天子脚下的直隶省府保定聘请日本学者、西方传教士为学堂教员，吴汝纶的学生邢赞亭在后来回忆：“时保定风俗蔽塞，见创此外语两校，群情早已骇怪，起而非议。”1900 年义和团运动爆发，莲池书院西文学堂教习居格豪全家在“灭洋”的声浪中被杀，淮军公所东文学堂教习野口多内见势不妙，仓皇逃走，学生们被打得四散。吴汝纶自己也因被顽固派当成了“汉奸”而自身难保，只得逃往直隶深州。

虽然莲池书院内的西文学堂仅开办不到 3 年便中途夭折了，但淮军公所里的东文学堂却得以幸存和延续。直到光绪三十年（1904 年）九月，当时的直隶总督袁世凯下令将东文学堂附设于直隶师范学堂，改称东文专修科，修业年限仍为 5 年。东文学堂归附直隶师范学堂后，专修科先后开设了经学、历史、文法、作文、读本、翻译、会话、历史、理科、算学等课程，年拨发经费增至 6000 两。20 世纪初，有数十名在淮军公所东文学堂学习日文的学生，先后东渡日本留学，这些人中的一部分学成归国后就成为辛亥时期直隶省立宪派的中坚力量。

三、首开接待外国访问学者，进行学术交流

光绪中叶，保定风气未开。当时因列强环伺中国，国人对于外国人的戒备心十分强烈，而且中国因日本觊觎琉球群岛而正与日方进行交涉。在这种历史背景下，张裕钊进行了中日民间的文化学术交流，接待日本访问学者冈千仞于前，又招收日本留学生宫岛大八于后，实属不易。

冈千仞（1823—1890），号鹿门，日本汉学家。出生于日本仙台，曾就学于仙台藩的养贤堂及昌平黉，历任养贤堂教授、东京府学教授、修史馆协修、东京图书馆馆长，并开设私塾绥献堂。精通史学，工于文章，有《藏名山房杂著》《藏名山房文集》等著作。

冈千仞于光绪十年（1884年，日本明治十七年）五月二十九日西渡来华，翌年四月回国。在华先后访问了上海、杭州、苏州、北京、保定、天津、广州等地。十一月十四日至十八日冈千仞对保定莲池书院进行学术访问，向张裕钊请教为文之道。张裕钊答道："姚姬传（鼐）的《古文辞类纂》、曾文正（国藩）的《经史百家杂钞》，古今文法，尽此两书，姚撰精严，曾撰宏博。有此二书，古文正范则不必他求。熟读骈体文，则文字富瞻；李兆洛《骈体文钞》为佳选。"冈千仞又与《畿辅通志》分纂人丁绍基讨论服冠、文物、金石考据、鸦片等事。访问的最后一天，冈千仞向张裕钊辞行，又问当世文坛泰斗。张裕钊说："老夫无意仕途，不慕时名，故所知最少。金陵有老友汪梅村士铎，年八十，品学俱优，君子人也，而韬晦寡交比老夫更甚。武昌有柯逊庵逢时者、周伯晋开锡者，为张香涛（之洞）门生，后来俊秀。敝门生查冀甫燕赭，官编修局，可与谈；吴礼园宝俭亦佳士。他日至武昌，可会之。已书行牒与张香涛。"张裕钊为冈千仞的《藏名山房文钞》写了序言。冈千仞还同部分书院学生进行学术问

题的探讨。他认为，中国学生埋头苦读八股文的教学方法，造就不出适应国家需要的人才，于国于己都不利，书院的学生应迅速学习从西方翻译过来的知识书籍，认识当今第一要务乃是改革八股文腐朽的陈规，直面近代社会巨大的变革，学西学，了解世界。

吴汝纶继任院长后，莲池书院的声名远播海外，东西方学者来华者，每过保定，总是想拜见一下他。吴汝纶也很乐意同他们接触交谈，一定让他们满意而去。“日本汉学家梅原融、本田幸之助、上野岩太郎、金子弥平等，时以文字求指正，往来不绝。中岛裁之伯成，更航海负笈来游，请列门墙，与诸生共进退。”

四、开招收外国留学生先河，输出中国书院文化

光绪十三年（1887 年，日本明治二十年）五月十九日，19 岁的日本青年宫岛大八（字勖斋，又字咏士）奉其父宫岛诚一郎（栗香）之命，到保定莲池书院留学，要求拜张裕钊为师。

张裕钊最初答以学额已满，须等来年正月方能入学，本人因年纪老迈，又兼书院事务繁多，而且每日都须授课，只能给大八指点书中的疑难和批点诗文；如果大八急于入学，府中另有许多良师，可以代为转托。宫岛大八表示，他此次来就是因为慕名张先生，专为从教于张先生门下。张裕钊被这个日本青年的好学精神所打动，就答应收他为徒。此事经过请示总督，得到李鸿章的批准。宫岛大八按照中国人的传统习惯，于六月三日行拜师礼，正式在莲池书院入学。为了便于与中国学生交往和表达自己向学之心，他还在脑后梳了发辫，穿起中国服装。

张裕钊对宫岛大八学业的安排是：先由《史记》开始，通读历代事迹，了解历代盛衰兴亡的原因；诵读经书以博其志；文读王安石，诗诵韩愈五言古诗；增强笔谈和会话能力。张裕钊经常通过批改诗文作业对宫岛大八进行鼓励和提出要求。例如六月三日，对宫岛大八的五言古诗《菊

花》，称赞“自有殿芳志，岂借春风为”两句写得好，又写批语云：“篇中颇有清新之句，迥非钝根人所能。从此深造，它日当于海东诗坛树一赤帜。”七月，批改宫岛大八的两段古文，对其文采极为欣慰；同时认为宫岛大八对汉学所知很少，让他在读《史记》的同时加读《汉书》。张裕钊说，《汉书》虽不及《史记》，但仍不失为正史，读它不仅可以增加学力，而且可长文气。八月，张裕钊又对宫岛大八提出治学应当“苦攻”，从难处入手。他认为，近来学子都从简易入手，一旦成文，常常缺乏沉雄的内涵，即使天分颇高者也往往流于低俗。有鉴于此，所以他一改常规，主张攻苦唯专，厚积薄发，不尚天分才气，专以深研精攻为重。张裕钊还向宫岛大八提出，文除熟读《王安石文集》之外，还应熟读《曾文正公文集》，这样可期比韩愈。另当竭力取法汉魏高古。他还要求宫岛大八通经立人，广治史学，熟读《资治通鉴》，通过读书与实践相结合来了解中国的风俗、礼仪。潜心勿躁数十年，方可期于有成。宫岛大八在莲池书院学习两年，后随张裕钊至武昌、襄阳、西安，留学前后共 8 年，师生情谊之深，如同父子。

宫岛大八归国后在日本创建善邻书院，专力于中国语之教育，以传承中国书法为重要任务，成为日本一代学者宗师，于中日友好事业亦多有建树。他追随张裕钊游学 8 年，深得其书法之道。把张裕钊的书法艺术广为传授，在日本形成了张氏书法流派。20 世纪 80 年代，善邻书院曾组团到北京、保定、武汉等地进行张氏师生书法艺术展览。1984 年 8 月 23 日，中日双方共同在中国美术馆举办“张裕钊、宫岛大八师生遗墨展”，充分显示了张氏书法流派在海外的影响力。1986 年 8 月 20 日，中日民间团体共同建造的“张裕钊、宫岛大八师生纪念碑”在保定莲池书院揭幕，续写中日书院书法艺术交流新篇章。

曾到莲池书院拜访吴汝纶院长的中岛裁之系日本肥后人，回国后在东京创办同文书院，同文书院当时制定了“章程”，分名称、宗旨、体制、肄业年限等 10 章，共 37 条。书院以“专招清国留学生，授以各专门学校预备之课程”为宗旨。设院长、总教习、干事各一员，学监、书记若干员，共同管理院务。学制二年，每年分三个学期。课程有修身、日语读法，日本语会话、日本文法、算学、英语、体操、翻译、物理、化学、地理、历史等科。考试分学期、学年、卒业三种，每科成绩以一百点为准，每学年“统将学期点数合算，以每科均平得五十点以上，总算均平得六十点以上者则为合格。否则落第”，学费、杂费皆由学生自负。以上这些规定，皆类近代中国学校之制，海外书院对中国学制影响于此可见一斑。后来又在北京办了一所东文学社，为直隶省培养了一批初步掌握日语和新学的人才。

当代高校对传统书院的继承与创新

——以河北大学与莲池书院为例

杨倩如①

一、莲池书院研究与开发现状

位于畿辅首善之地的保定莲池书院，曾是清中后期直隶的最高学府，号称“京南第一学府”“全国书院之冠”，与湖南岳麓书院形成了一南一北、交相辉映的文化景观。相较国内其他知名书院而言，莲池书院的重要地位与独特价值，不仅体现在其优美的园林风景、悠久的历史沿革、深厚的教育传统和突出的学术贡献，更凸显在政治层面。书院自创立之初即“恩隆优渥”，受到了雍正、乾隆、嘉庆三代帝王和历任直隶总督的关注。清雍正十一年（1733 年），直隶总督李卫奉旨在古莲花池开办书院的同时，增置使馆，使之成为接待过往亲藩、公卿及其侍从的场所。乾隆十年（1745 年），直隶总督那苏图将莲池内的保定使馆改建为行宫，供皇帝出巡驻跸之需。有清一代，先后有乾隆、嘉庆、光绪和慈禧四位帝后巡幸莲池，其中乾隆帝更是七次驾临此地，写下了 50 余首吟诵书院风物、激励书院师生、训诫直隶官员的诗篇。从私家园林到官办书院、从保定使馆到

---

① 杨倩如：河北大学历史学院教授、博士生导师。

莲池行宫，古莲花池的区域、规格、地位和影响日益提升，统治者的高度重视和官方的大力扶持，使这里成为长达两个世纪的亘大政治活动场所和直隶文化教育中心。这一现象在历代官办书院中是绝无仅有的，更是其他各类民办书院所无法比拟的。

目前对莲池书院的研究，主要包括莲池书院的历史沿革、教育制度、代表人物及著作、园林艺术、文物遗存、诗画碑刻等，已出版专著 10 余部、论文 100 余篇。然而，相较国内其他知名书院，如岳麓书院、白鹿洞书院、东林书院、嵩阳书院等，当前学界和公众对于莲池书院的关注是明显不足的。此种“抱着金饭碗化缘”的尴尬局面，与莲池书院在中国古代教育史、学术史、思想史和文化史上所享有的尊崇地位及鲜明特色极不相称。

此外，作为全国重点文物保护单位和保定市著名的人文景观，莲池书院在文物保护、管理和文化资源的开发、利用方面也明显滞后。现有成果多从教育史、文化史和文物、考古等角度开展研究，未能从文化产业开发的角度，就莲池书院的休闲、旅游、娱乐、公众服务功能及相关文化产品的开发等，进行深入探讨。因此，如何发掘莲池书院深厚的历史资源与文化内涵，使其转化为既富大众文化服务功能、又具商业开发价值的文化企业和品牌，成为当前亟待解决的重大课题。

有鉴于此，保定市政府制定了“十四五”期间建设“全国书院之城”的发展规划，并与河北大学签署了共同建设莲池书院的合作协议。作为一名长期从事国学与传统文化教育、研究，关注莲池书院历史传承及发展现状的高校教师，现拟围绕河北大学莲池书院建设方案及保定“全国书院之城”发展规划，结合自身实践，就当前推进此项工作中存在的问题提出自己的思考，并有针对性地提出解决对策，以资参考。

二、概念误读与解决对策

（一）概念误读：此“书院”非彼“书院”

近年来，在“推动中华优秀传统文化创造性转化、创新性发展”的总方针下，国学与传统文化的教学、研究、传播呈现繁荣景象，各级地方政府、高校和民间机构致力于发掘中国古代书院的文化遗产与学术传统，出现了兴建、复建书院的热潮。与此同时，众多学校为改革固有教学体制、创新基础教育及人才培养理念，引进近现代书院制办学模式，亦在现行教学、科研机构中增设书院。鉴于大多数古代书院今已无存或仅保存部分遗址，各地兴建、复建的书院，多为借古代书院之名新修的公共文化场所；而各大中小学（以高校为主）增设的书院，其体制机构、教学模式、课程设置、人员管理等，尚未确立统一的制度规范和评估标准，难以准确评估其办学成效。

这种现状不可避免地造成了“书院”之名被泛化，甚至滥用的情况，由此导致众多规模大小不等、质量参差不齐的“书院”，在喧嚣一时之后归于沉寂，难以持续开展高水准的学术文化活动——笔者以为，其根源在于各级政府、学校、企业及社会团体，对于“书院”的概念内涵与功能定位存在着不同程度的误读和误判。

众所周知，中国古代“国学—乡学”“官学—私学”之间存在鲜明分野，“国学”“太学”“府学”所开展的高等教育，不能混同于私塾、义学、社学所开展的基础教育。目前，在各地兴建“书院”的热潮中，普遍存在将不同性质、层级、功能的学术机构，和用于休闲、娱乐的基层公共文化设施，乃至带有些许传统文化元素的商业场所，一律泛称为“书院”的情况。例如，保定市竞秀区新建成的竞秀书院，“以建成综合性的新型公共文化空间为目标，集园林文化展示、园林专项展览、园林科普活动、阅读、公益文化活动等多功能于一体，为保定市民提供一处环境优美、书香浓郁的文化栖息地”①。莲池区政府亦制定了在2024年至少建设完成16座书院，实现“三年完成两倍任务”的目标，“致力于打造一批规模适当、布局科学、业态多元、特色鲜明的新型文化体验空间，逐步建设新型书院集群”②。在全市范围内，还提出了建设百校、百村、百地“红色文化书院”的目标。

毋庸置疑，上述各类书院的建成，固然有益于激发公众对于传统文化的兴趣和关注，然而，将此类“新型文化体验空间”一律称之为“书院”，是否存在概念的误读与滥用？在有限的区域空间和人口密度基数上，建设数量如此之多的书院，这一规划的可行性与合理性是否得到了充分论证？如何保障这些书院的有效运营与可持续发展？这些问题的解答尚需时日。

分析各地兴建、复建“书院”热潮的实质，体现出当下从官方到民间，对于“书院”的概念内涵与职能范畴存在着较为严重的误读，此与近年来经济利益驱动下的“国学热”与“传统文化热”相呼应，催生出一些不容忽视的问题。例如，在一些民间机构创办的“书院”中，出现了打着“传统文化”旗号开展各类宣扬封建迷信、陈腐落后观念的活动；在教学方法和管理模式上饱受争议的少儿“读经班”，曾被官方和学界深入批判却屡禁不止的“女德班”，以及无视中国历史以多元文化和民族融合为主流、片面强调“大汉族主义”的“汉服运动”等。通过长期对基层、民间书院的调研，笔者发现此类“书院”普遍存在着功利性经营和粗放式管理的问题，一个突出现象就是仅有“书院”之名，而无“书院”之实。即此类机构大多只能靠门票收益、摊位租金、有偿培训等方式维持日常运转，无法开展古代书院教书育人和文化传播的传统职能。

---

① 葛淑霞：《竞秀书院——古城文化的一抹亮点》，《保定晚报》2022年4月23日。

② 刘思源：《彰显“最保定”独特魅力——莲池区用厚实文化“软实力”打造品质“硬撑”》，《保定日报》2022年8月27日。

（二）解决对策：恢复传统，树立典范，避免“书院”概念的误读与泛化

当前，河北大学建设莲池书院，首要工作即在于全面恢复书院的传统职能。在莲池书院 170 年的发展历程中，聚集了大批饱学鸿儒和有识之士，培养出一批经世致用的人才，形成了“恢宏教化，声播四方”的局面，有学者称之为清代高等教育史上的“211 工程”。因此，在河北大学莲池书院的建设方案中，制定了“积极探索传统书院教育与现代大学教育的深度融合，成为文化创新发展人才和基层文化工作者的重要培养基地，形成具有中国气派的现代书院教育范式”的发展目标。

此前有学者提议，河北大学莲池书院应招收历史学、文学、哲学、国学、考古学、博物馆学等专业的硕士和博士研究生，并借鉴近现代高校书院制办学体制，采取导师制、小班授课、跨学科计算学分和灵活授予学位等方式。笔者赞成这一观点，但认为在这一领域，河北大学的优势与贡献，尚有极大的提升空间。一方面，此项工作应纳入教育部“新文科”建设的总体规划之中，打破现有人文社会学科僵化、机械的壁垒，设计全新的教学体制与评估标准；另一方面，应充分发掘、借鉴莲池书院在教学管理、课程设置、考试制度和人才培养等方面的成功经验，培养合乎新时代文化建设与学术发展要求的高端人才，以此为当前基层政府创办的社区书院与各类民办书院，提供可资参照、学习的范本。

三、定位偏差与解决对策

（一）定位偏差：高校与地方政府之间的诉求差距

中国古代书院的主要功能在于祭祀、藏书、刻书、教学、研究、著述等，其性质无论官办抑或私设，以其选拔、培养学生的数量和评估、考核的标准而言，均为针对少数品学兼优的学生所开展的精英式教育。在传统书院中开展的藏书读书、吟诗作赋、教学授课、讲坛争鸣、课艺切磋、研

究著述等活动，亦只能在具备相当水准的学者与学子之间进行，这就决定了传统书院的功能定位是以围绕科举考试，传授经史之学，培养专门人才的“学术型—精英教育”。随着时代发展，祭祀已淡出了人们的日常生活，当前承担藏书、出版、教学与研究功能的主体是各高校与科研机构。在文化产业日益成为国家及地方支柱产业和经济增长点的当下，高校应成为承载传统教育精神、发掘历史文化资源的主体机构——这已在政府、学界和公众中形成共识。

目前，传统书院与高校之间的关系大致可分为两类：一是高校在教学单位中直接恢复书院建制，此种情况最具代表性的是湖南大学与岳麓书院，与之相类似的还有郑州大学与嵩阳书院，宝鸡文理学院与横渠书院等；二是高校与书院并无直接继承关系，却因在同一地区而逐步发展成为书院教学、研究的主体机构。例如，江西省九江学院成立“白鹿洞书院文化研究所”，中山大学在南海西樵山三湖书院遗址上创办“中山大学岭南文化研究院”等——河北大学与莲池书院的关系亦是如此。

由此可见，当代高校创建书院的目的，一方面在于从物质及精神层面继承并延续传统书院职能，并将其发扬光大；另一方面，应将自身雄厚的学术积淀与优质的人力资源转化为服务地方经济和公共文化建设的助力。然而，分析当前国内各高校兴建、复建传统书院的成效，除去经费来源、管理主体、教学力量、人才培养模式等诸多因素存在的差异，仅以人才培养的水准、规模、社会影响及其在区域文化建设中的贡献而言，许多书院或囿于一域，或流于形式，并未能真正实现重启传统、助益现实的创建初衷。究其根源，在于自书院创办之初，许多高校与地方政府在书院的功能定位和发展规划上，即存在着不同的诉求。

当前各高校创办的书院，大多与学校其他机构一样，承担着教学、科研和人才培养的任务；而各级地方政府、文化企业或民间机构所创办的书院，则是为了丰富公众文化生活、推动公共文化建设。例如，保定市建设“全国书院之城”的目的，在于“让书院文化进社区、进农村、进校园、进企业，让人们爱上读书、享受读书，形成浓厚的读书氛围，做好惠民利民实事，提高群众文化素养，提升城市文化软实力”①。然而，要实现这一目标，却需要政府的“硬件”资源与学校的“软件”资源相互协调、密切合作。具体而言，当前已建成和正在建设之中的各级“书院”，虽然拥有地方政府的资金支持，配备了必要的硬件设施，但仍需要各类持续更新的、富于学术品质与文化内涵的课程、讲座与活动，才能拥有稳定的受众关注与支持。一般情况下，会在此类场所停留和消费的，多为对于国学与传统文化具有一定兴趣但缺乏系统了解的非专业人士，这就决定了在当前各类“书院”中所举办的各类活动，多为普及、宣传性质，内容须通俗易懂，形式须活泼有趣，这样才能做到雅俗共赏、寓教于乐。这些活动从策划、设计到宣传、推广，均须具备相当人文、学术素养和创新意识的专业团队来实施——此正是高校所具备的、无以替代的优势所在。

例如，笔者在河北大学长期开设国学与传统文化类课程，曾应邀赴一些民办书院的“国学讲堂”或“传统文化论坛”讲学。听众或为社区居民，或为休闲观光的游客，因此只能挑选听众较为熟悉和感兴趣的内容，如名人故事、传统服饰、文物古迹等。讲授者只能进行较为粗浅、简略的介绍，内容稍涉专业，听众即可能因为深奥难懂而失去兴趣——笔者无意否定此类普及性历史教育和文化传播活动对于公众的重要作用，但不可否认，此类活动由于选题狭窄、内容浅显、形式单一，低质重复现象相当突出，难以吸引学识精深、专业素养突出的高校教师和专家学者参与。长此以往，恐难以为更大范围的群众营造更具专业水准和文化内涵的公共空间，对于地方政府制定的塑造“文化保定、书香保定”之品牌形象亦难发挥显著的功效。

此外，当前一些高校教学、科研人员，仅将自己的工作局限于课堂和校园之内，或是在日常工作中缺乏关注现实、服务地方的自觉意识，或是

① 徐巧明、李明：《保定竞秀区：以书院文化促城市公共文化空间建设》，中新网河北新闻 2022 年 12 月 28 日。

在面向公众进行文化传播时缺乏深入浅出、雅俗共赏的叙事技巧。此种思想认识上的差距与功能定位上的矛盾，亦造成了高校与地方政府在合作共建书院的过程中，往往会因无法准确把握彼此的目标和诉求，而难以达成优势互补、合作共赢的局面。

（二）解决对策：探索“学术型—精英教育”与“普及性—公众传播”的融合路径

上述问题对当代高校在服务地方发展、助力基层文化建设的过程中，提出了更高的要求。高校应清晰把握地方政府的宏观规划与具体诉求，针对各类书院的管理主体及运营模式，根据不同年龄、身份、教育程度及兴趣爱好的受众特点，精心策划此类公益性、普及性文化活动的主题与内容，增加互动环节与体验设计，密切关注主办方及参与者的反馈，及时评估传播策略与成效，以此达到思想性、知识性与趣味性的和谐统一。

当前，河北大学莲池书院的建设，即应弘扬莲池书院“学有所成、学有所用、学有所就”的教育理念和优良传统，在保障教学研究水准与人才培养质量的前提下，积极探索“学术型—精英教育”与“普及性—公众传播”的融合路径。笔者以为，河北大学莲池书院除面向硕士、博士开设各类研究生专业课程外，亦应致力于本科一流课程的建设，使其与服务社会公众的普及性文化传播相结合。具体而言，当前河北大学面向本科生开设了多种通识课程，其中国学、传统文化和区域历史文化类课程占据了相当大的比重，受到了学生的普遍欢迎。但是，笔者曾对过去十余年来本校各教学单位开设的数十门国学与传统文化类通识课程进行统计，却发现此类课程由于缺乏统一规划，大多存在着讲授不系统、教材不规范、师资不集中、开设周期不稳定等问题，这在很大程度上影响了教学效果。

针对上述问题，笔者设计了《高校学生国学与传统文化教育调查问卷》，在收集了近千份有效问卷的基础上，借鉴传统书院课程设置与教学模式的有益经验，自行设计、建设了由经、史、子、集、艺和华北区域历史文化六个板块组成的国学基础课程体系及教学团队。考虑到线上线下均有相当数量的外国留学生选修此类课程，教学团队亦同时着手进行国学与传统文化中英双语课程的建设。除课堂讲授外，还通过慕课、短视频、线上课堂、微信公众号等方式进行传播，并组织国学社团，指导学生进行国学经典诵读，非物质文化遗产推广，及传统服饰、礼仪、乐舞等展示传播活动。同时与一些民办书院合作，定期举办公益性国学与传统文化讲座，扩大文化传播的深度与广度。这些活动既有益于将高端、前沿的科研成果及时转化为教学资源，亦为教学和科研提供了许多全新的课题。

四、结论："传统对接"与"异质同构"

诚如习近平总书记在纪念孔子诞辰 2565 周年国际学术研讨会暨国际儒学联合会第五届会员大会开幕会上的讲话中指出的："中国优秀传统文化的丰富哲学思想、人文精神、教化思想、道德理念等，可以为人们认识和改造世界提供有益启迪，可以为治国理政提供有益启示，也可以为道德建设提供有益启发。"在助力保定建设"全国书院之城"的过程中，河北大学一方面应积极为政府建言献策、贡献才智，另一方面则应在当下各地兴建、复建"书院"的热潮中报以"冷思考"，坚守书院的精英教育传统和人才培养模式；并在自身发展与服务地方的理论实践中，积极探索"学术性—精英教育"与"普及性—公众传播"功能的有机融合途径，从而带动、提升基层社区书院及民办书院的整体水准——此正是河北大学继承莲池书院爱国为民、经世济用、服务社会优良传统的时代使命。

令人欣慰的是，在河北大学制订的校地合作共建莲池书院的方案中，已确定了以下发展目标：深入发掘莲池书院的文化资源，系统研究其对中华优秀传统文化特别是燕赵文化的突出贡献，突出官办书院、京畿文化、融纳中西学术的特点，以经学、史学、文学、书法等为特色，凸显其对中国近现代高等教育的孵化作用，将莲池书院打造成为中国北方书院文化的标志以及燕赵文化研究、创新、推广的核心阵地，为保定市打造京津冀世界级城市群重要节点城市提供文化支撑。

当前，河北大学莲池书院的建设已进入具体实施阶段，笔者坚信，此项工作必将为保定“全国书院之城”的发展规划提供坚实保障与巨大助力。如果说，莲池书院象征着河北高等教育和学术文化的辉煌过往，那么，笔者衷心期待着，与之在历史、地域上渊源颇深的河北大学，将会以一份“舍我其谁”的学术自信与文化使命感，致力于实现二者在物质与精神、历史与现实两个维度之间的“传统对接”与“异质同构”，书写莲池书院光明的未来！

书院历史研究

河北古代书院的发展历程及其特点

河北省文史研究馆书院创新发展课题组①

近年来，书院文化复兴，河北各地除复修和重建古代书院外，更多地出现了各式各样的现代书院，如社区书院、乡村书院、景区书院、学校书院和网络书院等。如果对现行书院进行分类，大致可以分为传统书院、新型书院和网络书院。所谓传统书院，是指古代书院；新型书院，包括社区书院、乡村书院、景区书院、学校书院等各种书院；网络书院，则特指网络上存在的各种书院。传统书院承载着深厚的内涵，是中华优秀传统文化的载体，建设和发展历史书院，对于传承和弘扬优秀传统文化具有重要意义。

一、河北古代书院的发展阶段

近年出版的有关书籍对书院发展史都有自己的见解，存异求同，基本一致的看法是，中国古代书院经历了唐代的起源、宋元的勃兴、明代的鼎盛以及清代的普及等几个阶段。与中国古代书院发展的脚步对比，河北古代书院的发展有所不同。

---

① 课题组成员：徐英、路洪昌、李金善、梁勇、高士涛、吴洪成、徐兢学、萧依。

（一）唐代是中国书院的起源时期，在起源时期，河北书院并不落后

唐代全国有书院 50 所，河北有 3 所。[①] 保定满城区的张说书院、易县的棠荫书院和石家庄正定的西溪书院，这 3 所书院，占唐代全国书院的 6%。如邓洪波考证张说书院的创建时间在永昌元年以前确定无疑，则张说书院是唐代最早的 4 所书院之一。[②] 其既在书院发展中占一席之地，也显现出河北在书院起始发展中的领先位置。河北书院在唐代书院起源之时已经开始。

（二）书院在宋代蓬勃发展，但河北书院在这一时期发展缓慢甚至停滞

宋代 320 年间，北宋时期有书院 73 所，南宋时期有书院 442 所，总计 515 所。历史上的四大书院，白鹿洞书院建成后，紧接着岳麓书院、应天府书院、嵩阳书院等相继建成，影响巨大。但与宋代书院的蓬勃发展相比，河北却只有 3 所书院，吴洪成等搜集地方志后，又找出 2 所，将河北宋代书院扩充至 5 所，分别是石家庄元氏县的封龙书院、中溪书院、西溪书院，以及保定的张子书院，邢台的龙冈书院。宋代书院合计 517 所，河北书院仅占约 1%。北宋著名理学家张载创建张子书院，创立了与洛学、新学、闵学齐名的“关学”，主张“为天地立心，为生民立命，为往圣继绝学，为万世开太平”。北宋时期河北书院也跟上了全国书院发展的步伐，但在数量上，与全国书院的平均值相差甚远。南宋时期，河北书院发展几近空白。究其原因，一是唐末五代以来，河北地区战火不息，宋又与辽、金对峙，“河北之民岁遭劫虏”。宋辽签订澶渊之盟以后，河北中南部属宋，北部属辽，河北处于南北分裂时期。金灭北宋之后，河北全境又为金国所有，百余年间，河北动荡不安。二是在宋代，河北地区洪灾、蝗灾等自然灾害严重。北宋时期蝗灾达 25 次之多，“蝗蝻继生，弥覆郊野，食民

---

① 邓洪波：《中国书院史》，武汉大学出版社 2012 年版，第 29 页。吴洪成等根据《易县志》，考定棠荫书院始建于唐代。参见吴洪成等：《河北书院史研究》，河北大学出版社 2014 年版，第 7 页。

② 邓洪波：《中国书院史》，第 4 页。

田殆尽”①。又黄河频繁泛滥乃至改道，农田损毁、荒废，民不聊生，遑论教育。三是辽金两朝虽重视文化教育，但缺乏产生书院的文化条件。书院在宋代的蓬勃发展有赖于理学思潮的兴盛，而理学的传授主要是在具有文化创新精神的书院，而辽代于916年建国以后，虽大力推行汉化政策，注重发展文化教育事业，但中央官学和地方官学管理严密，挤压了以民间为主体的书院的发展空间。金代也是如此，不但建立了较为完整的官学教学体系，甚至还建立了完整的女真族文化教育体系，同样没有书院产生的空间。所以，“在辽、金的教育之内，几乎没有书院发展的痕迹”②。与处于赵宋统治之下的全国其他省份书院的发展相比，河北书院发展显得缓慢甚至停滞不前。

（三）元代以后，河北书院跟上了全国书院发展的步伐

元代定都大都（北京），政治、文化中心北移。“书院之设，莫盛于元”，官学化是元代书院的基本特征。元蒙统治者推行“汉化”的基本国策，重视文化教育事业。在书院的管理上，鼓励创建书院；还多次颁布法令保护书院和庙学，并把书院山长定为学官，通过委派山长或者给山长授予官衔，掌握书院的领导权，书院的教授、学正、直学等职务的任命、提升，都必须由官方批准。学院的学生，经地方官吏举荐，经检察机关考核走向社会。这种管理体制，不仅使得大量官办书院成为官学体制的一个组成部分，而且也使得大量私立书院逐渐朝着官学化方向转变。

元代全国有书院406所，直隶有22所。③ 除去北京、天津等地域内的4所书院，河北省拥有18所书院，在当时的全国各省书院中排在第9位。元代河北书院有了很大的发展，一些书院在全国享有较高声誉，如河间毛公书院、景州董子祠书院、宣府景贤书院等，都有较高的知名度。著名数学家李冶主持元氏中溪书院，同时在封龙书院和中溪书院传授数学知识，

---

① ［元］脱脱：《宋史》，中华书局1977年版，第1356页。

② 吴洪成等：《河北书院史研究》，第22页。

③ 邓洪波：《中国书院史》，第201页。

开创了我国古代书院实施科技教育的先河。邢台的紫金山书院传授和研究数学、天文、历法，据《元史》记载，著名科学家郭守敬曾在此求学，与当时名流张文谦、王恂、张易等合称“紫金山五杰”，紫金山书院在科技史上占有重要地位。理学家刘因创办主持的静修书院，传授理学思想，为理学在北方的传播作出重要贡献。文学家苏天爵创办的滋阳书院也有一定声望。刘因的门徒高健在获鹿城北阎同村刘因讲学处创建太行书院，并“筑静修祠”于书院内，收徒讲学。稳定的政治环境以及经济的回升也为河北书院的发展奠定了基础。元朝河北书院的创立数量增加，开始追赶全国书院的发展步伐。

（四）明代河北书院的新发展

明代全国各省份的书院平均值是 103 所①，河北有书院 93 所。其中，官办 56 所，占比约 60%；民办 18 所，占比约 19%。河北书院数量虽然显著增长，但 93 所的数量仍然低于平均水平。明代河北书院分布区域扩大，元代尚无书院的秦皇岛和唐山，在明代分别建成了 4 所和 2 所书院，11 市共 93 所书院，其中，邯郸 19 所、保定 18 所、邢台 14 所、石家庄 11 所、沧州 9 所、衡水 7 所、张家口 6 所、秦皇岛 4 所、廊坊 3 所、唐山 2 所、承德 0 所。除承德外，其他 10 个地市都已建有书院。书院覆盖范围大幅度扩大，覆盖了河北绝大部分地域，书院发展在明代取得了长足进步。

（五）清代河北书院发展良好，甚至在全国书院发展中处于领先行列

清初，河北为直隶省，京畿要地，为文化建设发展提供了有利条件。加上政府又采取了积极支持政策，所以，清代河北书院发展迅速。雍正十一年（1733 年），雍正皇帝上谕肯定书院的社会作用，令各省会设置书院，并在财力上给予支持，属官办性质。乾隆皇帝更加重视，强调师长的任命、奖励、提升和书院学生的录取考核，书院建设规模达到高峰，书院教育全面普及。

① 邓洪波：《中国书院史》，第 277 页。

清代有书院 5836 所，按 24 个省级区域，每省平均有书院 243 所。① 河北书院有 169 所，数量虽然低于全国的平均水平，② 但全省 11 个地市都有分布，甚至前代没有书院的承德市也建成了 5 所书院。清代河北书院 169 所，其中，保定 29 所、石家庄 24 所、邯郸 23 所、邢台 22 所、沧州 15 所、衡水 14 所、张家口 13 所、唐山 9 所、秦皇岛 8 所、廊坊 7 所、承德 5 所。

二、河北古代书院的特点

除了南宋时期河北书院停滞以外，在其他各个朝代都不落后，甚至在元代以后逐渐走在前列，为中国古代人才的培养作出了很大贡献。与其他兄弟省市书院相比，河北古代书院有自己的特点。

（一）起源较早

在书院起源阶段，河北处于第一梯队。

（二）数量众多

从唐代起源到清代末年废止，全国共有书院 8802 所③，其中河北省有 288 所④，在全国排第 12 位。

（三）覆盖面广

到清代，河北全省 11 个地市分布有 169 所书院，覆盖各县的比率除承德 37%和张家口 46%以外，另外 9 个地市都超过了 60%，石家庄甚至达到了 100%。

（四）特色明显

与其他省市以人文社会科学为主的书院不同的是，河北很早就建成了

---

① 邓洪波：《中国书院史》，第 451 页。

② 据吴洪成等《河北书院史研究》统计，第 234—241 页。

③ 邓洪波：《中国书院史》，第 669 页。

④ 据吴洪成等《河北书院史研究》统计。

以自然科学为教学内容的书院，如元代数学家李冶在元氏封龙书院传授和研究数学——首开古代书院科技教育的先河。元代紫金山书院传授数学、天文、历法，著名科学家郭守敬在此学成，史书称“惟封龙书院、紫金山书院（邢台西部）独具特色”①。颜元在肥乡漳南书院开展实学教育改革，在中国教育史上具有划时代的意义。清代吴汝纶在保定莲池书院实行一系列革新措施以应晚清时局之变，使莲池书院呈现的新式教育气象，被誉为“全国书院之冠”，与岳麓书院一北一南，相映生辉。

三、河北古代书院的现状及存在的问题

1902年，清朝政府诏令废书院、改学堂，将西方教育体系和制度引入我国，书院或改建或废弃。就河北域内的书院保存情况看，河北古代书院288所，可以分为四类：第一类是保存下来或复建比较完好的，如莲池书院、封龙书院、抡才书院、益津书院、大原书院、紫金山书院等，不足5％。第二类是改制演化为现代学校的，如盐山香鱼书院今为盐山中学、正定恒阳书院今为解放街小学、棠荫书院今为易县中学等。第三类是古代影响较大、遗址尚存有条件重建的，如易县双峰书院，位于易县富岗乡双峰村内；涿州市鸣泽书院，旧址位于城内抄手胡同；高阳县濡上书院，位于高阳城内东街文庙旁。第四类是只有文献记载、书院建筑荡然无存的，这一类占绝大多数。

河北省传统书院建设中存在以下问题。

（一）书院的文化教育和文化传播功能开发不够

古代书院基本上相当于现代高等教育机构。在现代教育体制下，今人开发古代书院文化功能，充分开掘书院承载的深厚的文化传统，是传统书院发展的根本途径。但是从现存书院运行的情况看，部分书院存在仅作旅

① 河北省地方志编纂委员会：《河北省志·教育志》，中华书局1995年版，第2页。

游观光之用，对书院承载的历史传统和文化思想开掘不深，传承国学方面存在以偏概全、不加甄别现象。

（二）有些书院建设方向走偏

有些书院通过借用古代书院之名，行营利之实，不符合古代书院藏书、传授和祭祀的传统。甚至有一些会所贴上传统书院的标签附庸风雅。更有甚者，借书院之名，传播非主旋律、非正能量的东西。

（三）书院管理机制不健全，制度不完善

有的书院复建后雄伟壮观，但利用率低，大门紧闭，门可罗雀；有的书院年久失修，破败陈旧；对遗址仍存，且在历史上发挥过重要作用的书院的复建没有规划和计划，管理不到位。

（四）传统书院的建设和管理近些年来受到政府及有关部门的重视，正在朝着良好的方向转变

如保定市政府与河北大学发挥高校智力优势共建莲池书院，本着“地校共建共管，部门协同建设，社会广泛参与”的原则，重塑“莲池书院”文化品牌，已经取得显著成效；封龙书院和河北师大的合作也正在酝酿之中。但从全省书院的情况看，建设力度还不够，覆盖面不广。系统规划、科学布局，加大管理力度，是书院建设重点突破的新课题。

四、河北传统书院的未来设想

我国国力日益增强，文化影响力也越来越大，进入新时代，党中央对新时代文化建设提出了新要求，挖掘传统文化，增强文化自信，推进文化创新，成为书院建设和发展的新课题。在现代高等教育的体制下，应当积极挖掘古代书院的文化资源，探索书院管理新模式，补足现代高等教育之缺陷，面向社会、面向大众，丰富新时代文化生活。

其一，由文旅部门牵头，打造传统书院品牌，焕发传统书院的生机。书院集文化和旅游为一体，以书院建设带动文化和旅游产业及上下游产业链发展，顺理成章。明确文旅部门的职责，责成文旅管理部门，盘点古代书院资源，针对现存书院多数破败、条件简陋的问题，对其进行改造升级，提升环境质量，如张家口蔚县的文蔚书院、暖泉书院等。重建和修复一批历史上影响深远、遗址尚存的书院。如涿州市的鸣泽书院，其在清代维持了83年，旧址位于城内抄手胡同；高碑店市的紫泉书院，位于新城镇南关现新城紫泉中学校区内，其史料记载翔实，其为进一步修复重建提供了可能。对这些书院进行重建和修复，可以放大其文化价值，激发书院的生机与活力。发展书院文化产业，可拉长旅游产业链条，完善周边配套设施，提供精细化、智能化公共服务；与周边文化类景点协调，规划精品文化旅游路线；对书院的文化遗产进行活化利用，组织开展内容丰富、参与性强、趣味性强的各类传统文化教育体验活动。

其二，引入高校智力，将高校与书院结合，擦亮书院文化新名片。古代的书院教育相当于现代的高等教育，在书院的建设上，可由文旅部门牵头成立书院研究会进行统一管理，依靠高校的研究力量，对书院文物、文献进行整理，对书院历史、文化进行梳理，开办大讲堂，面向社会和大众举办公益文化讲座。书院制度与高校教育相融合，推进教学体制革新，在制度和学科管理、教学与课程内容等方面，将当代高校与古代书院制度相融合，促进高校与书院共同发展。在这一方面，保定的莲池书院已经捷足先登。保定市政府与河北大学充分发挥高校智力优势，打造中华优秀传统文化传承发展的保定样板，共建莲池书院，本着“地校共建共管，部门协同建设，社会广泛参与”的原则，重塑“莲池书院”文化品牌。签订协议之后，成立了实体机构河北大学（莲池书院）人文高等研究院，两年来已经取得显著成效，莲池大讲堂持续邀请国内著名专家举办了近40场公益讲座，莲池文学周等标志性文化活动获得《人民日报》等全国多家权威媒体的深入报道，多次举办全国性学术交流等，既擦亮了莲池书院的名片，也强化了河北大学社会服务的职能。除保定莲池书院，封龙书院和河北师大的合作也正在酝酿之中。现在很多高校为活跃学生思想、增强学生实践能力，纷纷在校园内设置书院，从运行的效果来看，不尽如人意。利用现存的古代书院，将高校学生的实践活动空间转移到书院，必定会取得良好成效。

其三，激活传统书院藏书的功能，与当地图书馆联合，打造大众阅读活动中心。书院重国学传播，但传播范围有限，图书馆重在知识传播，范围广但传统文化底蕴不够，两者相互结合，能最大限度激发创新活力，提高公共服务能力，在引导“全民阅读”和打造“学习型社会”中发挥更大价值。山东省创新推进“图书馆＋书院”模式，在全省各级公共图书馆建设尼山书院，将现代公共图书馆和传统书院有机结合。这些尼山书院，通过开展国学论坛、传统技艺公益课堂、国学吟诵等多样的活动，拉近了读者与传统文化的距离，让更多人感受到中华文化的博大精深。参照山东模式，河北省可采用书院＋图书馆的模式，即以书院为依托，开展图书阅览服务，开展经典诵读、国学讲堂、传统艺术体验等系列活动，将书院建设成为礼乐教化、以文化人的文化精神家园，让古代书院藏书的功能在现代书院焕发新活力，让阅读渗透到社会生活的各个领域。

传统书院是古代培养人才的教育机构，当今时代，我们则需要不断赋予书院新的时代内涵，充分挖掘书院潜能，创新书院体制机制，拓宽书院运行模式，让书院焕发时代新风貌，更好地助推河北文教事业发展。

徐继畬与平遥超山书院

韩石山[1]

一、山西举业之概况

山西学者王欣欣编著《山西历代进士题名录》一书，不必广事征引，一个让人震惊的事实是，明清两代 572 年间，山西没出过一个状元，榜眼、探花也就不多的几个。究其原委，地瘠民贫，地方不宁靖（明代尤甚），当为主因。高一级的施教机构欠缺，亦为一因，比如书院不普遍且水平不是很高，这一点有学者的统计数字可资佐证。

李兵在《书院与科举关系研究》一书中，对清代全国 18 个行省的书院、进士、状元数目有精确统计，仅将山西及周边五省的数据列出，即可见山西之寒窘：直隶（河北）书院 194，进士 480，状元 4；山东书院 149，进士 727，状元 6；山西书院 107，进士 464，状元 0；河南书院 276，进士 582，状元 1；陕甘书院 171，进士 474，状元 1。[2]

说山西书院普遍水平不高，仅举一例，清乾隆年间修撰的《宁武府志》里载明，府署西南凤凰街有鹤鸣书院，须知宁武在明代为边关，清代

---

① 韩石山：山西省文史研究馆馆员。

② 李兵：《书院与科举关系研究》，华中师范大学出版社 2005 年版，第 300 页。

才设府县，其书院相当于义学，简陋可知。

纵然有普遍的寒窘，山西毕竟也是古代文化昌盛之地，有两个书院可谓声名显赫。一个是张之洞抚晋时办的令德堂书院，另一个是徐继畬任山长10年之久的平遥超山书院。令德堂属官办，名为书院，与传统意义上的书院还是有所不同，平遥的超山书院是真正的传统意义上的书院，本文专述之。

二、徐继畬其人

徐继畬是晚清一位重要官吏，也是一位著名的学者，一位有功于国家的教育家，字健男，号松龛。乾隆六十年十月二十四日（1795年12月4日），出生于山西省代州五台县（今属忻州市）东冶镇东街的“司马第”。父亲徐润第，进士出身，曾任内阁中书、湖北施南府同知等职。徐继畬自幼聪颖好学，曾随父寓京师，师从著名文学家高鹗等人。嘉庆十八年（1813年）中举，道光六年（1826年）中进士，朝考第一，授翰林院庶吉士。三年后改授翰林院编修。此后多年，历任监察御史以及外省知府等职。道光二十二年迁两广盐运使，旬日擢广东按察使。道光二十三年迁福建布政使。道光帝命他以布政使之职，主办开放厦门、福州两口岸通商事宜。这是历史给予这个有志之士的宝贵机会。

在厦门，他和美国传教士雅裨理深谈之后了解到，西方现代民主政治思想和制度是怎么回事，又广泛接触西方来华人士，对全球地理与国家分布，均有了相当的认识。五年间，多次易稿，于道光二十八年（1848年）出版《瀛环志略》一书。此书之问世，率先突破了根深蒂固的天朝意识和华夷观念，将中国定位于世界之一隅。后世誉为中国近代正眼看世界的第一人。同年升任广西巡抚，两个月后又改授福建巡抚，随后又兼任闽浙总督。

道光二十八年（1848年），华盛顿特区为华盛顿纪念塔奠基，向各州各国征集纪念物。在来华传教士帮助下，浙江宁波府于咸丰三年（1853年）向美国赠送了一块花岗岩石碑，用中文刻有徐书上赞美华盛顿的两段按语。有人说建塔时，此石碑嵌在塔内西壁高处。据克林顿访华期间北京大学演讲时所言，白宫前有一大的方尖碑为华盛顿纪念碑，邻近不远处有块小石碑，即为中国政府建塔时所赠。

此后多少年，徐继畬一直受朝廷重用。然而，因为他识见过人、不善逢迎，得罪了同朝的权臣，偶有差错，便受到言官的弹劾。碍于时论，皇上亦无法庇护，于咸丰二年（1852 年）罢官回到故里。

初回故里，因捻军渡河入晋，徐继畬曾奉旨赴上党协助地方官防堵。事平之后，就不能不考虑自家的生计。以他的功名、学问，还有名宦的身份，在那个年代最为相宜的去处，便是在山西的书院做山长。确也如此，徐继畬一回到五台，上门相请的就有两家，一为省垣的晋阳书院，一为平遥的超山书院。略作权衡，他选择了超山书院。道理很简单，晋阳书院系官办，与衙门无异，超山书院系乡贤集资筹建，是个真正的书院，更适合他性情的洒脱，学业的发挥。

徐继畬主持平遥超山书院前后 10 年，留在《清史稿》上他的传记里的记载，仅有 10 个字："罢归，主平遥书院以自给。"

三、在平遥超山书院

超山书院幸亏有石碑和口碑，弥补了史料缺憾。

超山书院的遗址已荡然无存，幸有徐继畬撰文的一通石碑存世，全称《平遥超山书院创建重修原委碑记》，简称《超山碑》。此碑曾立于平遥城内金代文庙大成殿的前面左方。现在这个大成殿囊括在平遥一中校园内，去了一中校内即可见到。碑身高约两米，上有约一米见方蛟龙碑头，碑座亦雕刻而成，正文连同标题、落款共 20 行，每行 54 字，落款为：赐进士出身资政大夫前福建巡抚太仆寺少卿翰林院编修主讲超山书院徐继畬撰文并书。

先说了超山书院的创建过程。抄录原文，以见民间筹资创建书院之不易：

平遥旧无书院，康熙四十年，兰州王公绶为邑宰，始于县署迤西创建超山书院，规模宏敞，讲堂学舍皆备，又于路东创建义学。买田二百九十余亩为书院费，买田六十余亩为义学费，平遥之有书院始于此。其后寖废弛，书院义学皆改为公馆，王公所买之田迷失无可稽考，仅有义学田六十余亩，官礼生与礼房书吏分种之。至今县署之南，土人犹称为书院门口，然平遥之无书院，则已久矣。

道光初，武昌杨公霖川莅兹土，访书院旧址，则已改公馆，入交代，无从追复。会省垣修贡院，平遥合县摊捐银三千二百两有奇，贡院工程止用银二千两，拨回银一千二百两有奇。杨公邀集绅士，议以此项已捐之银创建书院，又从城内铺户募捐银七百两有奇，乃于学宫明伦堂后尊经阁两旁空地各建房十五间，又于尊经阁前建讲堂三楹，无门窗后壁，于是书院始有其地。然束脩膏火无所出，不能延师，生童亦无住院肄业者。道光十九年，灵寿靳公廷钰署平遥，邀集绅士郭宪章、刘充实等，劝修文庙，首倡捐银三百两，诸绅士随募随修，文庙工竣，止用银七千两有奇，尚余银九千两有奇。诸绅佥议以平遥书院有其地而无其费，徒存虚名，今文庙所余之项为数不少，曷以此为书院费。于是诸董事各捐资，凑万金之数，呈请县尊发合县当商，以六厘半生息，每岁得息银六百五十两。山长束脩火食银三百两，生童膏火及杂费银三百两，余银五十两为历年修补房屋之用。依照祁县、太谷、榆次章程，生息之项，由董事二十四家论流值年经管，官吏盖不经手。山长由绅士询访进士之有品学者，禀县尊送关敦请，上游亦不札荐。以县尊为主两学，师长为监院，每月官课一次，山长院课一次。山长束脩，由值年董事按季致送，生童膏火，由值年学长给散，一切杂费概由值年董事经理。立法详妥无弊，可垂永久。[1]

上文是写徐继畬初到平遥书院了解到的情况，也写了他初莅书院所遇到的艰辛局面：

咸丰丙辰，余在上党防堵竣事，平遥官绅延请来此主讲。外吏多年，学殖荒落，惟少时困礼闱者十余载，于制义一途尝耗心血，衰年重理旧业，尚有端绪可寻。遂埋头于此，日与诸生分甘苦，杜门却扫，居然冬烘面目矣。诸绅士以讲堂无牖壁，不可居，又屋少，山长不能挈眷口，遂于讲堂前后增牖壁，又于讲堂两旁增东西厢房各三间，东西厢房之北增小屋各二间，为安厨灶置薪炭之地。又以门外出路系偏坡，车马不能达，取土填筑为闾巷，中间铨砖为门，颜以版额，于是书院之规模乃大备。工料共费银六百五十九两，历年余银不足，期分年弥补之。余主讲于此已七年，因年老谋归里，而官绅揽袖投辖，坚留不听其去，且属为文，叙书院之原委，乃搦管而为之记。[2]

碑文署的时间是同治元年（1862 年）九月初九日。徐继畬任超山书院山长共 10 年，分两个时期，前期 7 年，后期 3 年。7 年头上，他觉得年老体衰，主动请辞，应士绅之请，写了此碑文并书之以为纪念。架不住众人挽留，又做了 3 年。同治四年，皇上与两宫皇太后命其入京，重新起用，这才真正离开超山书院。

这么艰苦的条件，他写来却是风趣而自嘲。明明是封疆大吏，只说“外吏多年”；明明是饱学之士，却说“学殖荒落”。唯一可庆幸的是少年时苦学十余载，“于制义一途尝耗心血”。最可贵的是，做了山长，与诸生同习举业，他说自己“居然冬烘面目矣”。从这些自述文字，可知徐继畬

① 《平遥超山书院创建重修原委碑记》拓片，山西忻州仰松堂任复兴藏。

② 《平遥超山书院创建重修原委碑记》拓片，山西忻州仰松堂任复兴藏。

其人，品格之高，襟怀之大。他说自己“主讲于此已七年”，逆推则任山长当在咸丰四年或五年。

以上可说是石碑，接下来说口碑。

山西忻州二中历史教师薛喜旺一直专注于徐继畬研究，早些年曾专程去平遥拜访郭诚老先生。当他问起徐继畬在平遥的情况时，郭老先生说：“在松龛先生未来之前，平遥不用说中进士的很稀少，就连举人也不多，往往是死了一个才能再出一个，多少年就是这种单传的状况。徐继畬被罢官后，当地士绅也是出于不平和同情，才请他来担任山长的。自从松龛先生来了以后，平遥文风大有振兴，出了多名举人，附近各县前来就读的秀才举人也有很多。当徐老先生接到同治皇帝和两宫皇太后命其进京的诏书，要离开平遥时，当地有名望的人纷纷前来送行。据说送行的轿车从平遥城一直排列到祁县城，浩浩荡荡。大家本来打算把他一直送到五台，在徐老先生一再劝阻下，大家才留步，徐老先生自乘轿车回到五台。”①

四、史志上的印证

《超山碑》上所言，系徐继畬初任山长时的情形，讲学者似乎仅他一人。随着学舍的扩大，生员的增多，延聘的讲席也不断增多，最多时有讲席12位，且全系进士出身。徐继畬是在超山书院全盛时奉召进京离去的，超山书院的兴盛还维持了一个时期。这种长期的培育，对当地的举业肯定会有影响，在方志上也就会留下记载。

据光绪八年（1882年）《平遥县志》选举卷所载统计：

道光朝十二年，举人8，副榜4，年平均举人0.41；咸丰朝十年，举人5，年平均0.5；同治朝十二年，举人3，副榜5，年平均0.67；

① 薛喜旺：《平遥超山碑及其他》，忻州市《徐继畬研究专刊》，1995年，第25页。

光绪朝（截止出版县志时）八年，举人2，年平均0.25。①

最能看出举人增多的还数同治朝，恰是徐氏在任和离任几年后。这还不算，平遥县自道光十二年（1832年）恩科出过一个名叫赵缙的进士，咸丰、同治两朝竟没有出过一个进士，而到了光绪朝竟出了两个进士，一为光绪十二年（1886年）的赵新，一为光绪二十年（1894年）恩科的武丕文。这不能不说是由徐继畬任山长10年培育起的文风所致的成果。②

五、离任书院

同治四年（1865年）徐继畬奉诏进京，被重新起用，以三品京堂任总理各国事务衙门行走，协助恭亲王奕䜣办理洋务。转年，总理衙门重印《瀛环志略》，中外奉为指南。授太仆寺卿，加二品顶戴。

同治六年（1867年），任总管同文馆事务大臣，可说是中国近代第一所高等学校的首任校长。再后来，成立京师大学堂，同文馆即为其重要基础和组成部分。同治八年，以老病乞休，奉旨以二品顶戴致仕。

在乡6年，同治十二年（1873年），值徐继畬中举60周年，奉旨准其重赴鹿鸣宴，并赏给头品顶戴。同年三月初三日辰时（1873年3月30日），徐继畬在家中去世，享年78岁。

---

① 恩端修、武达材、王舒萼纂《平遥县志》，清光绪八年（1882年）刻本。

② 王欣欣：《山西历代进士题名录》，山西教育出版社2005年版，第49页。

历史大转折时期的袁继咸、傅山和三立书院

张继红　周凡[①]

山西之有书院，大约起自辽代翰林学士邢抱朴创建的应州（今应县）龙首书院、宋治平二年（1065 年）大历史学家司马光资助创建的夏县温公书院，从此至清末的 800 年间，山西共有书院近 300 座。这些书院如珠玉散落，分布在山西的山水之间，是山西教育兴旺、文脉传承的直接见证，是国家培育英才、传播文明的渊薮。其中，处在明末清初的历史大转折时期的太原三立书院，培育出傅山等杰出人才。其教育思想和实践，至今仍有借鉴价值。

一、300 年官家书院：三立书院简史

三立书院是明代末年山西的官办书院，以古人立德、立言、立功之意为名。其前身是创办于嘉靖九年（1530 年）的河汾书院，位于太原巡抚衙门旧址。院内建“三贤堂”，祀奉隋代大儒王通。王通是河汾学派的创始人，故以“河汾”名之；其中祭祀司马光、薛瑄等山西名宿，含有承续儒家正统文脉之意。万历七年（1579 年），权相张居正“奉诏”罢毁天下书

① 张继红：山西省文史研究馆研究员。周凡：文化学者。

院，河汾书院停办。

万历二十一年（1593 年），山西巡抚魏允贞将河汾书院的三贤堂移建到太原右所街，名“三立祠”，奉祀山西历史名人 55 位，并聚徒讲学，实际上恢复书院活动，故后人习惯称之为“三立书院”。万历二十七年（1599 年），庚子乡试，三立书院中举者达 50 余人，书院声誉鹊起。天启五年（1625 年），魏忠贤矫诏，毁天下书院，三立书院废止。之后魏忠贤被诛，天下书院恢复。崇祯七年（1634 年），巡抚吴甡、提学佥事袁继咸整顿三立书院，在应试生员中择取优等生 300 余名，入祠学习。袁继咸亲临讲课，每月三次大会，六次小会，相互讨论，并分列等次，立法严而用意宽，一时士习文气，彬彬蔚起。其时，阳曲生员傅山（1607—1684）入三立书院学习。

崇祯十六年（1643 年），明王朝结束的前一年，李自成大军行将入晋，山西巡抚蔡懋德再次整顿三立书院，聘知州魏权中以及举人韩霖、桑拱阳等主讲其中，傅山虽是生员，以其名望大，擅长战守之道，也在聘任之列。

由明入清，顺治十七年（1660 年），巡抚白如梅在太原侯家巷重建书院，继续为官办书院。雍正十一年（1733 年），经省府奏准，三立书院改称“晋阳书院”。到 1902 年，最后一任山长、神池谷如墉出任山西大学堂总教学。自此，该书院蜕变，融入现代教育行列。

从河汾书院，到三立书院，再到晋阳书院，300 余年间，其最精彩的时期，是明末袁继咸任山西提学佥事之时。

二、忠直勇毅：袁继咸其人

袁继咸（1593—1646），字季通，号临侯，江西宜春人。明天启五年（1625 年）中进士，崇祯七年（1634 年）赴太原，任山西提学佥事。其时，与巡抚吴甡意气相投，在原河汾书院的基础上创办三立书院。不久，袁继咸遭受不白之冤，被山西巡按御史张孙振诬陷贪污受贿，械押至北京大牢。学生傅山、白孕彩等急赴北京，叩阙申冤，拦轿上书，袁继咸竟得以获释。国难当头之际，袁继咸先后分巡武昌、参赞杨嗣昌军事，总督江西、湖广、安庆、应天（今南京）等处军务。又说服驻扎芜湖的左良玉收复武昌，并劝阻了左良玉东下南京讨伐马士英的鲁莽举动，避免了南明小王朝的内讧。不久，左良玉暴死，其子左梦庚降清，竟将袁继咸软禁，献以邀功。袁继咸绝食拒降，叹息道："天不欲余为叠山（南宋谢枋得），敢不为文山（南宋文天祥）哉！"又赋诗云："衰年哀二老，一死酬至尊。从容文山节，谁招燕市魂。"顺治三年（1646 年）六月二十四日，清廷见袁继咸不能收服，将其残忍杀害在北京三忠祠前。死后，清廷又追谥他为"忠毅"。袁继咸的事迹，孔尚任极为钦佩，写进他的名著《桃花扇》。

三、从三立书院到伏阙申冤：袁继咸与傅山的气节绵延

明崇祯七年（1634 年）七月，袁继咸任山西按察司提学佥事，这是一个辅佐按察使分管教育的官职。两个月后，巡抚吴甡上任，也是东林党人，与袁继咸意气相投。这时，袁继咸组织了一次全省生员考试，发现了傅山、白孕彩、戴廷栻等青年才俊。两年后，袁继咸将太原河汾书院恢复，招考 300 余名生员到此学习。

三立书院生员的学费，由官家负担，其教学方式宽容自由，以每月的三日大会为常规，全体生员集中，由先生讲经、讲解生员的作文，且供给午饭；午后，生员们各自交流，甚至可以饮酒畅谈。三次大会以外，还有六次小会，在寓中进行，是活泼的学习方式。书院的基本指导思想自然是程朱理学，其内容也不脱离儒家的基本经典，但是，当时的明王朝已经处于内外交患、风雨飘摇之际，吴甡、袁继咸都有满腔的忠君爱国思想，急于为国家培养人才，挽救社稷于将倒，故而以"气节""廉耻"为重，认为："士以廉耻气节为端，有廉耻然后有风俗，有气节然后有事功。"希望

通过办书院，起到“以传道济斯民”的作用。在三立书院，袁继咸对崇尚气节的傅山极为欣赏，尤其看重傅山的文章，认为“文章诚佳”，考核列为第一，但是，袁继咸又“恨”傅山“未脱山林气”，有规范傅山，为国家建功立业之意。

袁继咸看得极准，“山林气”正是傅山的特质。明亡后，傅山作了一篇《太原三先生传》。“三先生”的一位是王献明先生，官至州守，却隐居乡下，“不登宦人之堂”，清贫自守；一位是钱文蔚，做过知县，不久即退居家乡，傅山时常向他请教，得闻“前辈人行事”；一位是画家梁檀，傅山称赞他的画“孤洁秀俊”“要无俗气象”。可知，傅山在进入三立书院前，就频繁与“山林气”的高士们交往，涵养起浓厚的山林气息。在明末清初“天崩地解”的历史大转折时期，傅山早就禀赋的“山林气”得到加强。

在袁继咸的教学思想鼓励下，傅山的同学里，均以气节相尚，其中有自号“九子”的郭新，有敢于仗义执言的曹良直，有被袁继咸评为“文心细如丝玉”的崔嗣达，有战死于晋祠堡的薛宗周、王如金，有洪洞县范芸茂，有祁县小同学戴廷栻，有志同道合的白孕彩。傅山自称，他们是明代灭亡后的“岁寒之友”。

就在傅山就学三立书院的时候，发生了山西巡按御史张振孙陷害袁继咸的大事，这实质上是朝中阉党与东林党斗争在山西的继续。傅山等挽救袁继咸的义举，是三立书院学子们崇尚气节的延续。

如前所述，崇祯九年（1636 年）八月，张振孙利用巡按御史的监察职权，捏造十余条罪状，诬陷袁继咸。到十月即得旨：“着山西抚臣械送来京勘问。”对此，傅山等三立书院的学生，既感不解，更是不平。行前，袁继咸被执于三立书院，傅山守护一旁，记录老师口授的“辩牍”。之后，傅山与薛宗周向太原、汾阳、平阳（今临汾）、潞州四府发出书信，倡议山西诸生赴京“伏阙讼冤”。

傅山、薛宗周、王予珪等随袁继咸赶赴北京，平定白孕彩，阳曲李开馨、王志曾，太原府学新甄等同学也先后到京。傅山起草上书，与王予珪充任“本头”，又发动在京的山西拔贡等103人签名，将讼状投送通政司。

讼状屡经投送，并未被受理。傅山很不甘心，又在腊月将讼状的副本广泛誊抄，公开散发到相关衙门，时称“揭帖公行”。揭帖中张扬袁继咸在山西的各项政绩，揭露张振孙的丑行，影响极大，上达天听，以致“长安哄然，皆不平其事”。因此，崇祯皇帝参阅了山西巡抚吴甡和都察院佥都御史薛国观参劾张振孙的奏章，在崇祯十年（1637年）元宵节后即下旨：“拿张振孙来京究问。”傅山等取得小胜。

之后，刑部屡次迁延，不予过问案件。傅山等义愤填膺，联络百余人在长安门排成一队，拦截内阁首辅温体仁上朝的轿子，迫使其下轿。傅山上前陈述：“山西牵连无辜之人百余人，皆散寄诸五城、刑部监中，已有死者，有瘐而待死者，有乞食监中者，只恳请大宗师与刑部一言，令早问一日，则此无辜者尚有生还之日。”阁臣黄士俊也助言：“此他山西诸生师生之公义。”温体仁碍于公愤，只得接受揭帖，过问此案。四月初，刑部在城隍庙开审袁继咸案，傅山穿青衣，立于官司旁，当堂作证，为袁继咸辩护。结果，袁继咸起复，任职湖广昌道；张振孙犯诬告罪，被流放外地。傅山等取得完全胜利。

山西诸生在京城为尊师袁继咸的申冤活动轰动京城，上达内阁乃至崇祯皇帝，傅山成为士绅心目中的豪俊之士。当时，名士马士奇，感而作《山右二义士传》，颂扬傅山和薛宗周；丁时学将傅山的诗歌印行，在东林、复社人士中流传。袁继咸更是感激傅山的义举，邀请他前往武昌，一观黄鹤楼之胜。傅山却以“违老母久”，婉言谢绝。秋天，山西新任提学桂一章，在岁试毕表彰傅山“事师行如义子，当求之古人”，傅山答谢说：此“山西通义，岂敢贪公义以树私名”。

从此，袁继咸与傅山结下生死友情，直到袁继咸被押解赴京途中，还记得托付傅山将其诗册收藏，并赠诗以道义气节勉励：“独子同忧患，于今乃离别。乾坤留古道，生死见心知。”次年，袁继咸被关押北京，又寄书信给傅山："晋士唯门下知我甚深，不远盖棺，断不敢负门下之知，使异日羞称继咸为友生也！"傅山接信展读后大哭，说："公乎，山亦安敢负公哉！"清顺治三年（1646 年），袁继咸被杀。

袁继咸与傅山传导的情义，正是家国情怀，民族大义。傅山和他的同学们在明亡后的持续反清，是他们不敢负尊师袁继咸的义举。

四、誓不降清：傅山与白孕彩、戴廷栻等的反清复明活动

明崇祯十七年（1644 年），清兵占领北京，改朝换代，逼迫百姓剃头削发事新朝，这无疑是天崩地解的大事。傅山当时 38 岁。此前，他曾经以生员身份受巡抚蔡懋德之聘，任三立书院主讲，主要是为太原布防，阻止李自成进城。不久，蔡懋德在防守太原时殉职，傅山更加激愤，赶赴太原之东的寿阳五峰山，拜还阳子郭静中为师，朱衣黄冠，道号"真山"，时称"朱衣道人"。傅山以此成功地对抗清廷对汉人的剃发令。傅山频繁往来于晋中的盂县、平定、寿阳、祁县、汾阳一带，以行医、传道为掩护，联络同道；之后，也曾东赴齐鲁，南过大江，西到长安，联络义士，志在复明。

清顺治六年（1649 年），大同总兵姜瓖的反清大军遍及山陕，以交城为中心的交山起义军乘机开到山西名园晋祠，逼近太原。清军包围晋祠堡，起义军失败，傅山的同学薛宗周、王如金死难。傅山闻之，痛不欲生，作《汾二子传》，记述道："王中两箭，晋祠南城楼火发，见薛上，投烈焰中。"感叹："及袁先生讲堂，二子咸在，至今盖十五六年矣。乃二子果能先我赴义。死耶？未也？彼其无论矣。余乃今愧二子，余乃今愧二子！"

不久，傅山陷于"朱衣道人案"中。官府怀疑他联络南明，企图起义，被囚禁一年。狱中，傅山抱定必死决心，绝食数日，竟不死。经官场魏一鳌、朝中龚鼎孳等相救，方得出狱。傅山深自诧恨，作《山寺病中望

村侨》："病还山寺可，生出狱门羞。便见从今日，知能几度秋！有头朝老母，无面对神州。冉冉老将至，残编缅再抽。"从此，傅山的活动转为以学术为主。

傅山的反清复明活动，与其学术活动紧密相关；祁县同学戴廷栻家，是傅山活动的一个重要据点。戴家藏书极多，其时南来北往的学者、义士们多以戴家为暂住地。于是，戴廷栻建丹枫阁，藏书其上，请傅山题阁名，并作《丹枫阁记》，以梦比喻，表达对前朝的无限怀念。当时，登临丹枫阁者，有屈大均、阎若璩、顾炎武、阎尔梅、李因笃等国内学界精英，也有反清志士，他们时常聚集于此，或谈论学术，或密商反清大计。核心人物，群伦领袖，自然是颇具"山林气"的傅山。当时即传言，北有丹枫阁，南有水绘园。水绘园，是江苏如皋反清名士冒辟疆的园林。

五、从《三立祠传》到《霜红龛集》：理念相续的两种著作

三立祠书院的建立，是以宋明理学为宗旨的，崇尚气节，表彰先贤。作为山西最高学府，对山西的学生无疑有巨大的导引作用。

山西巡抚魏允贞恢复三立书院后，将古圣先贤 71 人的牌位立于书院，按时祭祀。袁继咸光大发扬，为之一一写传，成书二卷，此即最早的《三立祠传》。之后，康熙二十一年（1682 年）山西学政刘梅、乾隆三十年（1765 年）山西巡抚和其衷，分别增订此书，分列先哲列传 16 人、寓贤列传 5 人、名宦列传 30 人、乡贤列传 34 人，共 85 人。傅山也被补选其中。具体内容分祠考、丁祭、书院、考棚、列传、先哲、名宦、乡贤、三立堂、宝贤堂、册赞、记序，等等，是一部完整的三立书院的历史文献。刘梅在评价说："临侯袁先生于祠祭祀七十一人，考其行事，总其终始，人各一传，无枝叶之言，而上纪前哲，下规来者，其用意何厚，垂训何远。余再三翻阅，先生之不朽，在是矣。"蒲坂（今永济市）人杨世芳的序则

说："袁公于诸士，模模而范范，经人俱师。"评价袁继咸既是经学的讲师，也是为人的师表。

傅山是三立书院的佼佼者，是袁继咸倡导的气节的忠实继承者，其著作甚多，但散佚严重。因受清廷文网限制，收录整理，颇费后人心思。收录傅山著作的主要功臣，首先是傅山的同学戴廷栻，他把傅山、傅眉父子，以及胡庭、白孕彩的诗汇集为《晋四人诗》，又将傅山的诗冠于集首，名《霜红龛诗略》，这大概是傅山的文集名《霜红龛集》的源头。第二是阳曲张耀先，他在乾隆年间持续收集傅山遗作，成《霜红龛集》，刊刻行世。第三是寿阳刘霦，他和张耀先的弟弟张廷铨，历经 40 余年，在咸丰四年（1854 年）刊刻成《霜红龛集备存》40 卷，是当时最为完备的傅山文集之一。第四是晚清山西巡抚丁宝铨，他组织罗振玉、缪荃孙等名家，正式刊刻了傅山的《霜红龛集》40 卷，并附录傅山年谱。此是当今比较流通的版本。此外，晚清平遥王晋荣也刊刻了《霜红龛集》，内容较丁本多，而流传不广。

傅山著作的整理历程，也是傅山学术与气节不断滋养后人的历程，值得仔细梳理。

20 世纪末、21 世纪初，傅山著作的整理进入新阶段，山西人民出版社先后出版《傅山全书》，规模远超《霜红龛集》。同时出版《傅山书法全集》。傅山的男女科等学术著作，也不断被翻印。至于傅山的书画、饮食等方面的文化积淀，无不深深润泽着三晋学子乃至平民百姓。400 余年来，傅山在山西的民间一直是神一般的存在。

古语言："太上立德，其次立言，其次立功。"三立书院以此建立，袁继咸可称"三立"模范，而他的弟子傅山，更是如此，他是明末清初与顾炎武、王夫之等齐名的大思想家，时人即有评价，傅山做人第一，依次是学问、医术、书法，无不泽润当代，流芳至今，以至不朽。三立书院以气节育人的理念，是我们应该深刻铭记的。

宋代书院发展模式的启示与借鉴

卫绍生①

书院属于传统教育机构，它与官办学校、私立学校鼎足而三，成为中国传统教育的重要组成部分。从文献记载来看，最早的书院是唐代的丽正修书院。唐玄宗开元五年（717 年），在东都洛阳紫薇城乾元殿东廊建立乾元院，负责修撰四部类书籍，第二年改名为丽正修书院。开元十二年，把丽正修书院移至明福门外，更名为丽正书院，次年又更名为集贤殿书院。从丽正修书院的设置来看，其功能主要是为朝廷修撰四部类书籍，属于修撰书籍的书院，而不是专门的教育机构。以传授文化知识为主体的书院，兴起于北宋时期。北宋重视文化和文教，书院借兴文之风迅速流行，出现了“四大书院”“六大书院”和“八大书院”等说法。对宋代的四大书院、六大书院和八大书院，学术界虽然有不同说法，但也的确反映出宋代书院兴盛的实际情况。这些书院皆由名贤大儒主持，因而在当地具有广泛影响，成为一种特殊形式的教育机构，并形成了各自的发展模式。探讨一下北宋书院的发展模式，对当下书院的健康发展具有积极的借鉴意义。

一、宋代书院的发展模式

宋代书院遍布大江南北，发展模式各有特色。总的来看，宋代书院有

① 卫绍生：河南省文史研究馆馆员，河南省社会科学院文学研究所原所长、研究员。

以下四点值得特别关注。

其一，聘请名贤大儒主持书院。名贤大儒是书院的招牌，也是书院的号召力、影响力所在。宋代的几大书院，都有名师主持，有大儒站台，有贤者参与。应天书院，范仲淹曾经主持过并曾亲自授课，大儒王洙也曾主持过；嵩阳书院，程颢、程颐兄弟等名儒主持讲学，范仲淹、司马光、朱熹等人都曾来这里讲学；白鹿洞书院，朱熹、陆九渊等曾经授过课；岳麓书院，朱熹、张栻等曾经主持讲学；徂徕书院，由大儒石介创办，不仅有石介亲自主持讲学，还有孙复等大家参与。名贤大儒有很强的号召力，他们主持书院，为学生主讲，自然会有不少人闻风而至，响应风从。

其二，宋代帝王亲自题写匾额。宋代的几大书院，都有宋代皇帝为书院题写的匾额。如嵩阳书院，初名“太室书院”，是宋太宗题写的匾额，宋仁宗时颁诏更名为嵩阳书院；岳麓书院，有宋真宗大中祥符八年（1015年）的赐额。应天书院初名睢阳学舍，后更名应天书院，宋仁宗庆历三年（1043年）下诏更名为南京国子监。

其三，有身份地位者鼎力相助。宋代书院能够迅速发展壮大，包括地方长官在内的有身份地位者鼎力相助，是一个非常重要的因素。如岳麓书院，先后得到几任太守的大力襄助。南宋绍熙五年（1194年），朱熹出任湖南安抚使时对已经废置的书院进行兴复扩建，置办田产50顷，聘请贡生黎贵臣主持书院事务。白鹿洞书院，是朱熹知南康军的时候重建的。朱熹还亲自讲学，并制定了《白鹿洞书院揭示》作为书院的院规。应天书院最初只是当地人办的一所私学，后来在归德军将军赵直的扶持下办成睢阳学舍，为学生提供免费教育，很多学子从这里走出去，成为科场上的成功人士，不少人立朝堂，登台阁，名扬天下。应天知府李及、晏殊都曾为应天书院的发展作出过重要贡献。范仲淹、王洙等也为应天书院的发展贡献了自己的力量。

其四，有比较完善的教育内容和教学管理。书院教育不同于官学，也不同于私学，它是一种近乎开放式的教育。在开放状态下，让师生都有所遵循，有所互动，从而运到最好的教学效果，离开教育管理是不可想象的。所以，朱熹主持白鹿洞书院时，亲自制定了《白鹿洞书院揭示》，明确了“五教之目”“为学之序”“修身之要”“处事之要”“接物之要”等五个方面的遵循。“五教”教育学生如何做人，所谓“父子有亲，君臣有义，夫妇有别，长幼有序，朋友有信”；“为学之序”教育学生如何学习，所谓“博学之，审问之，慎思之，明辨之，笃行之”；“修身之要”教育学生如何修身养性，所谓“言忠信，行笃敬。惩忿窒欲，迁善改过”；“处事之要”教育学生如何处理事务，所谓“正其义不谋其利，明其道不计其功”；“接物之要”教育学生如何待人接物，所谓“己所不欲，勿施于人。行有不得，反求诸己”。这既是对学生的教育，也是对学生的要求，更是对书院的管理。

宋代书院的发展模式可以概括为名师主持、官方支持、地方襄助、自律管理四个方面。这四个方面相辅相成，同等重要。既然办书院，就需要有号召力、有影响力的名师，名师大旗一树，自然响应风从；书院是教书育人的地方，培养社会需要的人才，自然需要获得官方的支持。如果官方不支持，甚至是限制或反对，书院就很难生存。所以，官方支持尤为重要。书院教育要考虑学生的读书费用，学生如果拿不出读书费用，即使想来书院读书，恐怕也很难做到专心致志。所以，书院一定要获得所在地官员、绅士、富豪等在人力、财力、物力等方面的赞助，以解决书院教学和学生读书可能出现的一些问题。自律管理是书院自身建设和教育管理的重要内容。书院外部条件再好，如果不能加强内部管理，不能很好地实施教学计划和教学内容，就无法达到教书育人的目的。所以，书院教育必须注重自身建设，强化教学管理。朱熹亲自拟定的《白鹿洞书院揭示》，从如何做人、学习方法、修身养性、处理事务、待人接物等方面入手，确立了书院自身的发展模式，成为当时一些书院的遵循，也为后世书院自律管理提供了范式。

二、宋代书院发展模式的启示

宋代书院的发展模式具有鲜明的时代特色，对当今书院选择发展模式具有一定的启示意义。

其一，书院发展应与时代文化发展相契合。书院是教育机构，更是文化传播地，因此，书院发展必须与时代文化发展相契合。宋代书院之所以能够快速发展，正是契合了北宋重文化、重读书的时代文化氛围。宋太祖赵匡胤曾经对近臣说："朕欲武臣尽读书，以通治道，何如？"他深知马上打天下、不能马上治天下的道理，想让手下的武将都读书，以便明白治理国家的道理和方法。丞相赵普听从宋太祖的教导，利用治国理政之余的闲暇时间认真读书，有时一读就是一整天。他读的书始终只是《论语》20篇，故有赵普"半部《论语》治天下"的说法。由于朝廷的提倡，整个社会都形成了重文的氛围，形成了读书的风气。要读书，就需要读书的场所和氛围。京师太学和州府学校固然是读书的好地方，但不是所有读书人都能够进得了的。在科举是步入仕途重要通道的宋代，想改变身份，想建功立业，就要通过科举，其前提就是进学校读书。宋代书院正是契合了这样一种崇尚读书的时代文化氛围才得以迅速流行开来的。

其二，书院发展应聘请名师大儒主持或主讲。书院不同于官学，没有强有力的人力、财力、物力支撑。书院又不同于私学，需要招募求学者自愿前来读书，且具有相对的规模。因此，书院应聘请有影响力、有号召力的名师大儒主持书院工作，或者作为书院的主讲。这样的话，前来求学者就会慕名而来，即便付出了一定的费用，也会感到物有所值。尤其是名师大儒作为书院的主讲，他们知识丰富，学识渊博，讲课能够由浅入深，旁征博引，新见迭出，融通今古，不仅能够向学生传播知识，而且能够给学生带来精神享受。宋代四大书院能够扬名一时，都与他们聘请名师大儒主持或主讲有很大关系。

其三，书院发展应争取当地政府的支持。书院能否健康发展，与能否获得当地政府的大力支持有直接关系。书院发展需要良好的社会环境，需要各方面的大力支持。而能够给予书院良好社会环境和大力支持的，只有书院所在的政府。有所在地政府的大力支持，书院就能够创造相对舒适、静谧、和谐的读书环境，让学生在一个适宜读书的环境中读书和生活。在舒适、静谧、和谐的环境中，书院学生可以心无旁骛，一心向学，可以很好地理解消化老师讲授的内容，把老师传授的内容转化为自己的知识。

其四，书院发展应争取社会贤达的襄助。宋代书院大多是志同道合者共同创办的，如果不是富豪，面对长期持久的付出，总会有力所不逮的时候。这就需要在获得当地政府支持的前提下，尽可能聚合更多的志同道合者，需要获得更多社会贤达给予道义、财力等方面的支持。社会贤达不仅有较大的社会影响力，而且往往拥有较多的财富。有了他们的大力支持，书院会获得更好的发展环境，拥有更大的发展潜力。有了他们的大力支持，书院教育才能获得更好的发展，才能行稳致远。

其五，书院发展应注重自身建设。书院自身建设包括硬件建设和软件建设两个方面。硬件建设主要包括师资、校舍、生活环境和教学环境等。宋代书院都有名师大儒，师资队伍都比较强。书院大多位于风景秀美的地方，如嵩阳书院在嵩山脚下，岳麓书院在岳麓山下，白鹿洞书院在庐山脚下，生活环境和教学环境都比较优美。软件建设主要包括教学计划、教学内容、教学效果考评和校规、校风等。软件建设上去了，教学水平自然会提高。教学水平提升了，学生在各级考试中考出了高水平，中举甚至中状元的人多了，书院的声誉自然水涨船高，书院发展就有了保障。

三、宋代书院发展模式的借鉴意义

当下许多以书院命名的教育机构，基本上都是生存在相对规范而严密的教育体系之外。除了那些寄名在某某大学名下的书院，其他以书院命名的教育机构，大多属于非学历教育。这既是书院教育的弱点，也是书院教育的优势所在。非学历教育，一定程度上会影响招生和生源，就此而言，的确是书院教育的弱点。书院教育既然是非学历教育，在教学内容和教学方法的选择方面就有较大的自主权，它可以选择人们感兴趣的通识教育，可以选择人们急用先学的特色教育，可以选择供人们消遣休闲的文化艺术教育，也可以选择授人一技之长的能力教育。除此之外，在教学形式上也有充分的自主权。当下的书院教育应该选择怎样的发展模式呢？宋代书院教育可以为人们提供以下有益的借鉴。

其一，重视名人名师对书院教育的扛鼎作用。一所学校是否知名，不在于有多少高楼大厦，也不在于有多少学生，而在于是否有一批有较高知名度的大师级人物。宋代的书院几乎都有名师大儒主持或主讲，有很高的知名度。已故清华大学校长梅贻琦说：“所谓大学者，非谓有大楼之谓也，有大师之谓也。”大学尚且如此，书院更应如此。在当下，书院要想办得好，办出特色，办出声誉，一定要有名人名师，有懂书院教育的名人，有擅长书院教育的名师，名人名师相结合，用名人名师提高书院的教学质量，提高书院的知名度，提高书院的社会地位。名人名师是书院的台柱子、扛把子，更是书院的旗帜。书院教育必须重视名人名师，倍加珍惜名人名师，给名人名师提供发挥聪明才智的大舞台，给名人名师更大的自主空间，很好地发挥名人名师的导向和引领作用。

其二，重视社会贤达对书院教育的推动作用。在目前的教育体制下，书院想获得较多的财政支持，几乎是不可能的。但书院要生存，要发展，就必须有足够的人力、财力、物力支持。宋代书院在获得社会贤达支持方面，做得都比较好。尤其是应天书院、嵩阳书院和岳麓书院，正是靠了社会贤达的支持才迅速发展起来的。当今书院属于体制外的一种教育机构，生源、财源等不能与体制内的学校相提并论，需要书院自身广开生源和财源，以维持书院生存，推动书院发展。在名人名师之外，借重包括商界成功人士、退休赋闲的公务员、大学教授、知名人士等社会贤达，通过引才与引智相结合的方式，增强他们对书院教育的责任感，从而更好地利用他们的聪明才智促进书院发展。

其三，重视以经学为主的传统文化教育。宋代的书院教育，以经学为主的传统文化是主要的教学内容。朱熹《白鹿洞书院揭示》所说的“五教之目”，都是从《中庸》中来，所谓“君臣也，父子也，夫妇也，昆弟也，朋友之交也，五者，天下之达道也”。这就是所谓的“五伦”：父子有亲、君臣有义、夫妇有别、长幼有序、朋友有信。其为学之序、修身之要、接物之要，分别出自《中庸》和《论语》，处事之要则出自董仲舒的《春秋繁露》。很显然，朱熹《白鹿洞书院揭示》中所说的主要教学内容，都是来自以经学为主的传统文化。当下的书院教育，要在规范而严密的学历教育之外走出一条路子，首先应该重视以经学为主的传统文化教育，在教学内容上闯出一条新路，闯出一条独具特色之路，而不能跟着学历教育的指挥棒亦步亦趋。

其四，重视以教学相长为特色的教学方法。宋代书院教学形式灵活，老师在台上讲授，学生如果有疑问，可以随时提出，请求老师解答。学生如果不满意老师的回答，还可以和老师相互辩难。师生不仅可以相互辩难，还可以相互唱和，集体探讨，教学相长。当下的书院教育，既没有升学率的内在压力，又没有教评等外在压力，完全可以根据办学方针和办学方向，结合教学内容，采用课堂教学与现场教学相结合、案例教学与专题研学相结合、走出去与请进来相结合等教学方式，突出特色，教学相长，以此来活化教学内容，提升教育质量，深化师生情感。应充分发挥名人、名师和社会贤达在教学活动和书院管理方面的作用，利用他们的聪明才智和成功经验，现身说法，分析案例，解难答疑，丰富学生的文化知识和社会阅历，让书院真正成为学生学习文化知识的课堂，增长能力才干的场所，丰富社会阅历的基地，成为读书人热爱和向往的地方。

湖南维新时期岳麓等书院的转型

丁平一[①]

一、转型背景

转型是近代中国社会发生大变化的产物。我们知道，书院是中国自唐代以来绵延千年的教育机构，它在办学形式、教学方法等方面有许多特色。但自鸦片战争以来，中国科技教育的落后明显暴露出来，故自 19 世纪 60 年代开始，以奕䜣、曾国藩、李鸿章等为代表的洋务派官员开始将魏源提出的“师夷长技以制夷”付诸实践。在教育方面，经过 30 余年努力，至维新运动前，全国创办了 25 所新式学堂，之所以称为新式学堂，即把西学中的自然科学、外国语言、工艺制造等课程纳入课程设计中。甲午战败，维新派痛心疾首，提出了改革政体的诉求。“公车上书”揭开了维新运动序幕，而在“公车上书”的 16 条变法建议中，教育改革的有 7 条之多，由此出现了教育改革的热潮。从 1895 年至 1899 年，仅 5 年时间，新式学堂数量骤增，据不完全统计，新办学堂达 107 所之多。而在此期间，要求改革书院的呼声也十分高涨。

改革书院的奏章纷至沓来，如刘光蕡的《味经书院创设时务斋章程》（1895 年），礼部的《议覆整顿各省书院折》（1896 年），胡聘之、钱骏祥

① 丁平一：湖南省文史研究馆馆员。

的《请变通书院章程折》（1896 年），张汝梅、赵惟熙的《陕西创设格致实学书院折》（1896 年），德寿的《奏酌裁友教书院童卷移设算科折》（1896 年），廖寿丰的《奏设杭州求是中西书院折》（1897 年）等，都对当时书院改革起了很大推动作用。如礼部所奏就很有代表性："国势之强弱视乎人才，人才之盛衰系乎学校；欲补学校所不逮而切实可行者，莫如整顿书院之一法。各省书院之设，每府州县多或三四所，少亦一二所，其陶成后进为最多，其转移风气亦甚捷。"① 该奏中还提出了整顿书院的具体办法，其要者曰三：一定课程，二重师道，三核经费，三者中的关键在于定课程。课程中有时务、洋务、条约、税则、舆地、算学、格致制造、外语等与现实需要密切相关的内容。尤为重要的是光绪帝于 1898 年 7 月 10 日发布了兴学谕旨，其中已规定将各省、府、厅、州、县现有之大小书院一律改为兼习中学、西学之学堂。省会之大书院改为高等学堂，郡城书院改为中学堂，州县书院改为小学堂。这一谕令虽因"戊戌政变"发生而没来得及在全国推广，但事后依然发挥了巨大效应。科举制废除后，各地书院终于纷纷改为学堂。这一阶段的教育改革最终导致了教学内容、教学形式、教学宗旨的变化，整个教育开始从传统教育向现代教育转型。

除了时代大背景以外，湘省甲午战争后的区域文化心态也是一种强力催化剂。近代湖南，自曾国藩所创湘军在社会大动荡中突兀而起，改变了以往碌碌无所轻重于天下的状况，所谓"语战绩则曰湘军，语忠义则曰湘士"，且"古所谓燕赵慷慨悲歌之地，今所谓日本萨摩坚忍悍劲之风"②，都在湖湘士民身上充分体现出来。这一派唯我独尊的气势，生发出前所未有的荣誉感与使命感，似乎只要有湖南人作支柱，中国就无难为之事。但是，这种自负心理却遭到了甲午惨败的严重冲击。甲午战争中，淮军在海陆两战中皆相继败北，全国上下唯湘军是望。然而，湘军出战六天，在辽东连连败绩，溃不成军。这既使全国上下唏嘘失望，更使自负的湘人震惊

---

① 《皇朝经世文新编》卷五，学校上，第 6 页。

② 《唐才常集》，《辨惑》下，中华书局 1980 年版，第 170 页。

莫名，致使湖湘士子不得不在幻觉的破灭中正视严酷的现实。正如谭嗣同所言："光绪二十一年，湘军与日本战，大溃于牛庄，湖南人始转侧豁寤，其虚骄不可向迩之气亦顿馁矣。"① 不仅如此，原先以为可以拯救天下的湘人这时对战争的失败怀有一种沉重的负罪感，认为"甲午的败仗，实是我们湖南人害国家的"②。在失败所带来耻辱感的强烈刺激下，湖南人更强化了拯救国家与民族的责任心和自信心。他们抱着"救中国从湖南始"，"吾湘变，则中国变；吾湘存，则中国存"③ 的殉道气概，揭开了湘省维新运动的序幕。而揭幕的标志就是 1895 年秋谭嗣同、唐才常、欧阳中鹄等在浏阳成立的算学社，这是湖南维新志士在甲午战争后将改革变法先"小试于一县"的最早尝试。而湖南当局几位力行新政的大员陈宝箴、江标、黄遵宪、徐仁铸都非常支持湖南书院的改革和新式学堂的创办。他们的支持为这一转型提供了可靠的政治保证。

二、转型标志

湖南书院转型标志从几个有代表性的书院改革中可见一斑。

其一，浏阳南台书院改为算学馆，开书院改制的先河。1895 年 7 月，谭嗣同在给老师欧阳中鹄的信中，提出了系统的变法主张，尤指出"变法必先从士始，从士始必先变科举，使人人自占一门，争自奋于实学"④。他建议先在浏阳"小试"，创办算学馆，造就新型人才，为变法维新服务。欧阳中鹄接到信后，积极筹划，"拟将县中书院改习格致诸学，而姑以算学为入手之始"⑤。谭嗣同、唐才常、刘善涵等人又联名进呈了《上江标学

---

① 《谭嗣同全集》，《浏阳兴算记》，中华书局 1981 年版，第 174 页。

② 杨子玉：《工程致富演义》，《湘报》第 94 号。

③ 《湖南时务学堂缘起》，《知新报》光绪二十三年九月初一。

④ 《谭嗣同全集》，《兴算学议》，第 159 页。

⑤ 欧阳中鹄：《书"兴算学议"后》，《湖南历史资料》1959 年第 3 期。

院书》，希望学政江标支持他们将南台书院改为算学馆："浏阳城乡书院，共有五座，……然历年以来，均以时文课士，学士肄业，除帖括以外，瞢无讲求。近益俗尚颓废，兰艾杂处，纷至沓来，有如传舍。推求其故，虽积习使然，实由课非实学，业无专长，以至流弊滋多，至于此极。"为此，他们恳请江标"准将南台书院永远改为算学馆"，以期"立格致之根源，为湘省之先导"①。谭嗣同等人的上书得到省府有力支持，批文很快下来，并对他们的提呈多有嘉赏。批曰："据禀，浏阳城乡五书院，旧皆专课时文，近拟将南台书院永远改为算学馆，与四书院文课相辅而行，业有专长，学求实用，振今稽古，事创功先。循览禀词，实深嘉尚！当即札饬浏阳县知县立案，准将南台书院改为算学馆。并会同公正明白绅耆，董理经费，细定章程，妥为办理。"② 浏阳算学馆的成立，不仅揭开了湖南维新运动的序幕，同时也揭开了湘省书院向现代新式学堂转型的序幕。后来江标称赞道："非浏人一举而破其局，而通其阂，则吾乌知是邦趋向之颛壹，血性之充周，至于如此矣。"唐才常对自己参与创办算学馆也非常自豪，有言道："湘省直中国之萌芽，浏阳直湘省之萌芽，算学又萌芽之萌芽耳。"③

其二，校经书院在通省书院中率先改革。1894 年，江标就任湖南学政。他对书院专课八股时文甚为不满，上任后在全省大倡讲求实学之风。岁考取士时，凡文体不为八股格式所囿者多优先录取，取士标准的变化使湘省学风骤然改观。江标选中了校经书院作为全省书院改革的典范。1897 年 2 月，他开始整顿校经书院，筹款在书院内建造了新书楼，购置许多中西学书籍和诸种物理、化学、天文、舆地、测量等仪器，让生徒开始接触过往不曾问津的新型自然科学。他还大力改革教学内容，以经学、史学、掌故、舆地、算学、词章六类科目作为学生的主要课程，并以此试士。在

① 《谭嗣同全集》，《上江标学院书》，第 182—183 页。

② 《谭嗣同全集》，《上江标学院书》，第 183 页。

③ 《唐才常集》，《浏阳兴算记》，第 160 页。

章程中规定学生“算学务求浅近实用之法，舆地须知测量绘图之法，方言专习英文”①。1897 年冬，江标任满去职，接任学政的徐仁铸继续推进改革。他在《輶轩今语》中，强调学子“勿为考据训诂所困”，“史学以通知历朝掌故沿革得失为主”，“阅泰西纪载各书，必通贯其政教之源流，而其变通兴盛之辙，若指诸掌；农桑种植以及水利矿产揽其新法，裨我政书”②。徐仁铸在江标要求士子学西方自然科学的基础上，进一步提出了通贯西方政教源流的要求，教育内容又深化了一步。校经书院还率先在院内办起了舆地、算学、方言学会，将学堂教育与学会研讨结合于一体，此一做法亦为开书院之先风。巡抚陈宝箴对这一新创意十分赞赏：“校经堂开学会，为士子群聚讲习，以期开拓心胸，研求实学，造成远大之器，用意甚美，士子来与斯会者，必皆有志求益，冀日准进于高明正大之域。”③ 校经书院在省府大员支持下的改革，为全省书院改革作出了表率。

其三，岳麓书院也吹进了改革之风。岳麓书院是湖南最负盛名的书院，也是中国四大书院之一。维新运动中，岳麓书院最后一任山长王先谦在课程方面进行改革。他采取了洋务派的思维取向，即首先维护三纲五常君主独尊之道，再辅以西方科学技术强盛国家。他在《复毕永年》信中很清楚地表明了他的心迹：“日本维新，从制造入；中国求新，从议论入。所务在名，所图在私。言满天下，而无实以继之，则亦仍然一空，终古罔济而已。”④ 后来，他与维新派分道扬镳，正是因为对民权平等学说看法的对立，而在学西方科技知识上却并无分歧。1897 年 2 月，王先谦曾购《时务报》给岳麓师生阅读，《时务报》第 18 册也载有《岳麓院长王益吾祭酒购〈时务报〉发给诸生阅手谕》的报道。他还与城南、求忠书院山长共商购报送书院之措施。王先谦给书院每斋发两份报，由管书斋长派人分送士

① 《校经书院学会章程》，《湘学报》第 2 册，1897 年 5 月 2 日。

② 《輶轩今语》，《湘学报》（湖湘文库本），湖南师范大学出版社 2010 年版。

③ 《抚部院陈批》，《湘报》第 58 号。

④ 王先谦：《葵园四种》，岳麓书社 1986 年版，第 863 页。

子，士子轮流阅读后仍将报纸交由管书斋长收存，备次年士子阅读。《时务报》是维新派于 1896 年 8 月在上海创办的一份旬刊，维新派领袖人物梁启超担任该报主编。他在《时务报》上发表了《变法通议》等文，提出了维新变法的必要性和政治、经济、教育等方面的改革主张，这些文章引起了社会广泛关注。在梁启超主持期间，《时务报》的销售量最高曾达到 17 000 多份，成为当时影响力最大的维新报刊之一。《时务报》还通过栏目设置和对外翻译等方式开启了面向世界的窗口。其中“域外报译”栏目以英文、日文为主，并涉及了法文、俄文等 92 种外文报刊，前后共出版译稿 1706 篇。《时务报》在科学知识普及教育方面涉及工业、农业、物理、地理、医疗、生物等领域，被时人称为“新知新学”的万花筒。这些译文将西方先进的科学技术介绍给中国的有识之士。

总之，《时务报》虽然只办了 69 期，但它为维新运动时期及以后中国社会的变革和科技知识的普及作出了重要贡献。作为岳麓书院山长的王先谦，在这时能积极购《时务报》给岳麓书院师生阅读，可见，岳麓书院在教学内容上发生了很大转变，它促进了岳麓书院学生结构的转型。1897 年 7 月，王先谦又发布了岳麓月课改章手谕，决定改革课程，分经、史、掌故、算学、方言五门。经、史、掌故由王先谦本人督课，算学、方言另聘教习。算学定员 30 名，译学定员 40 名，均以三年为期。关于岳麓月课改章之事，皮锡瑞日记中有记：“岳麓师课已改，不用时文，课经史兼算学。此风既动，当有闻之而兴起者。”① 岳麓书院教学内容的改革确实在社会上引起很大反响，“闻之而兴起者”委实不少，许多府、州、县书院纷纷效仿。

三、改革效应

浏阳算学社、校经书院、岳麓书院的改革为全省书院树立了榜样，刺

① 《师伏堂未刊日记》，光绪二十三年九月初六日，《湖南历史资料》，1958 年第 4 期。

激并带动了各府、州、县书院的改章。各地维新派和开明绅士纷起效仿，着手本地书院的改革。改革主要表现如下。

其一，改书院课程为“中西并举”。如岳州府巴陵、平江、华容、临湘士绅郭鹏、姜炳坤、方傅鸾等共上《公恳改变书院章程及推广学会禀》，要求仿照校经书院章程，改岳州书院课程为经学、史学、时务、舆地、算学、词章六门。宝庆府士绅陆孝达、万祖恕、李钟奇、王佐龙等也同上《变通书院仿立学会禀》，请将鳌山、观澜、峡江三书院一律改课实学，课程分为经义、史事、时务、舆地、兵法、算学、方言、格致八门，因师资一时难以聘齐，拟先开经义、史事、时务、舆地、兵法五门课，待师资聘齐再开另外三门。宁乡县也将玉潭、云山两书院斋课仿岳麓新章，改课经史、掌故、算学，聘方言、算学教习各一人，招收学生专课方言、算学。课程变化是教育改革的一个关键，也是书院向现代学校转型的一个关键。

其二，改书院为学堂。改书院为学堂是维新运动中全国情势使然。1898 年 5 月，康有为上《请饬各省书院淫祠为学堂折》，提出改各级书院为各级大、中、小学堂，在全国引起很大反响。同时，光绪帝下旨，令各省书院改设学堂。在此前后，湖南也纷纷改书院为学堂。如浏阳士绅涂儒翯、黎宗鋆等上《浏阳县创设致用学堂禀》，请将县城六所书院合并为一所致用学堂，仿时务学堂之规而行。但因守旧派反对，未获成功，最后借南台书院为“讲舍”，仿时务学堂招内课生 40 名，外课生 80 名。郴州士绅陈为镒、潘仁瑶等发起创办经济学堂，他们认为“时事艰难，内政外交，均需达才”①，他们拟定了集资章程，捐募了经费，出洋元 100 元可优招 1 名额。湘乡县创立了东山精舍，仿湖北自强学堂成法，编为算学、格致、方言、商务四斋。宁乡也开办了算学堂，长沙还开了武备学堂。

其三，改变师资结构。师资问题是书院向现代学校转型中一个重要问题。为严师道，整顿通省书院积弊，熊希龄、黄膺、戴展诚、吴獬、戴德

① 载《湘报》第 131 号。

诚等联名上呈了著名的《为整顿通省书院与黄膺等上陈宝箴书》。该呈文着重谈了有关师资的问题。上书曰："请宪台延聘纯正博学、兼通中西之儒，编立教法，应读何书，应习何学，均有次序。"① 书中还提出了整顿书院的七条建议，即"定教法""端师范""裁乾修""定期限""勤功课""严监院""速变通"。陈宝箴接此书后批道："据禀所拟整顿书院六条（应七条），规模条理大略粗具。所言通省书院应行因革损益之宜，亦自言成理。至称所言山长仅传一家之言……此实书院通弊。……上年创设时务学堂兼讲中西之学，总教习所定章程，明通正大，刊刻传布，无人指以为非。"② 陈宝箴的批文所说的"山长仅传一家之言"就是针对师资问题而言的，师资知识结构的陈旧乃为当时书院的"通弊"。

综言之，维新时期书院改革为后来全省书院改革打下了最初的基础，也为清末民初湘省新式学堂的纷纷创办打下了最初的基础。

① 《熊希龄集》，湖南人民出版社1985年版，第47页。

② 载《湘报》第114号。

衡阳书院文化的特点、发展与启示

谢宏治①

衡阳是一片积淀着厚重历史文化的土地，从神农创耒开启农耕文明，到蔡伦造纸推动人类文明；从神奇传说中的帝喾兴兵，到鲜为人知的嫘母织纱；从受人景仰的祝融取火，到千古之谜的禹王圣碑；从佛教南禅的承传光大，到湖湘学派的发源兴盛，衡阳耸立起一座又一座璀璨夺目的文化高峰。衡阳的书院文化是其中一道亮丽的文化风景。

一、衡阳书院文化的三大特点

从哲学和思想层面看，书院文化是指在书院的发展历程中形成的，经过千余年的传承与创新，形成有别于传统中国其他社会群体的价值取向、思维方式和行为规范的独特精神成果的总和。衡阳之所以被称为文明奥区，与书院文化的发达密不可分。综观衡阳千年书院文化，主要有以下三个特点。

（一）起源早

唐代中期，邺侯书院创立于南岳，它是唐代史传（见《全唐诗》）记载中最早出现的书院之一。但当时的邺侯书院因为对外开放讲学较少、影

---

① 谢宏治：湖南省文史研究馆特约研究员。

响力有限，有的文献没有将其收录进唐代书院之列。

唐时书院在《全唐诗》中考证有11所，从地方史志中有记载为17所（以陈元晖著《中国古代的书院制度》和王镜第著《书院通证》及周书著《书院制度之研究》3文所列17所为准）。两者都有记载的仅3所：为湖南衡阳的李宽秀才书院（即石鼓书院）、四川南溪的南溪书院、山西永济的费君书院。

石鼓书院是中国四大书院创建最早，并具有确切史志记载的书院，史载建于806年至820年。对比一下，我们就可以知道，石鼓书院比宋代四大书院的其他3个都要早。其中，比创建于五代南唐升元年间（937—942）的白鹿洞书院，早120多年；比创建于宋太祖开宝九年（976年）的岳麓书院，早160多年；比创建于宋真宗大中祥符二年（1009年）的睢阳书院（又称应天府书院），早近200年。再拿曾一度被纳入“五大书院”之一的嵩山书院（又称嵩阳书院）对比，据地方志《开封县志》记载，其创建时间为五代周时，比石鼓书院也晚了近100年时间。

石鼓书院还是中国古代四大书院中唯一一个在唐朝时就已相当著名的书院，齐映、宇文炫、吕温、韩昌黎、邹君等名家都在石鼓留下诗文墨迹。

当时，为什么会在衡阳出现并兴盛书院这一新的文化和教育载体？从唐代中后期来看，科举极为盛行，江浙、长安、洛阳等地经济繁荣，大兴官学；岭南、漠北又较为莽荒，湖南、江西一带正处于这种文化和教育的过渡地带，为书院的创立提供了良好条件。衡阳在唐时已是湖湘经济文化的中心之一，衡阳人有敢为天下先的精神，衡阳包括南岳一带山水秀美、民风淳朴、交通便利，被贬、被撤和隐居隐逸的文人士官非常多。这些都是促成衡阳成为全国书院文化最早发端地之一的重要因素。比如邺侯书院，就是辞官隐居的唐代宰相李泌，选中南岳的自然文化灵气，所创办的一所家庭式书院。

（二）数量多

地方史志中记载的唐代书院共 17 所，其中衡阳就有 5 所；宋时衡阳书院又为全国之最，有天下四大书院之一的石鼓书院，还有南轩、文定、双蹲等当时著名书院；明嘉靖时，全国有书院 900 多所，其中湖南 124 所，衡阳就有 31 所。清光绪年间，仅南岳就有邺侯、卢潘、文定、甘泉、白沙、东廓、集贤、景行等 27 所书院，而同期湖南其他县区只有约 4 所书院。这些书院如满天星辰，灿烂了衡阳的历史文化天空。

（三）影响大

其一，衡阳书院文化是中国书院文化的典型代表。言书院文化，必称湖南，必称衡阳。无论是产生时间，还是数量质量；无论文化传播，还是思想交流；无论学术成就，还是人才培养，衡阳都是中国书院文化中最闪亮、最引人瞩目的地方之一。特别是以朱熹为代表的闽学与以张栻为代表的湖湘学，两派会讲岳麓、石鼓，开自由讲学之先河，促进了传统文化的变革与学术的繁荣，奠定了湖南、衡阳在中国哲学思想史上的地位。衡阳书院文化之深厚、地位之崇高、学术影响之深远，可以说是为盛天下。难怪曾国藩这样赞誉道：“天下之书院，楚为盛，楚之书院，衡为盛。”

其二，衡阳书院文化是衡阳历史文化的瞩目高峰。从横向来看，书院文化在衡阳光彩夺目。衡阳历史文化极其深厚，是一本永远读不完的大书。大雁文化、农耕文化、寿文化、火文化、佛道文化、抗战文化、山水文化等，每一种文化，都非常厚重。书院文化，仍然是其中最夺目的文化景观之一。至今，石鼓书院、船山书院等仍是来衡客人的必去之地。从纵向来看，书院文化也是衡阳历史文化发展史上的高峰之一。衡阳在中国思想文化史上的地位和影响，历史上的几次走出湖南、走向全国，都与书院文化紧密相关。宋时，衡阳是理学研究中心；明时，是心学传播重地；明清之际，又成为王船山“实学”的滥觞之源。中国自宋代以来儒学的三大阶段性创新，衡阳都有参与，而且扮演了举足轻重的角色，衡阳在全国的学术地位由此确立。

其三，衡阳书院文化是衡阳地位变迁的重要因素。尽管衡阳历史悠久，三皇五帝大部分来过衡阳，或与衡阳有过非常深刻的关联；自三国时期起，衡阳就开始设郡设县，成为湘南中心；衡阳人才辈出，蔡伦、蒋琬等人早已名播天下。但是，衡阳真正在中国以文化的影响而著称天下，还是因为书院文化的兴盛。湖湘学派发轫于南岳，轰鸣在三湘四水；明代心学以石鼓书院为重镇，瞩目于天下。可以说，正是书院文化，让偏隅湘南一地的衡阳为四方所瞩目，开始在中国历史文化史上发出更强劲、更响亮、更精彩的声音。自书院文化兴盛以来，衡阳乃至湖南，对中国的影响都是极其巨大的。文化大师钱锺书先生曾漫谈说：中国有三个半人，两广人算一个，江浙人算一个，湖南人算一个，山东人算半个。而湖南文化和人才，主要集中在自长沙至衡阳、沿回雁峰至岳麓山这一 800 里南岳衡山山脉一带。从这个意义上说，衡阳书院文化，对湖湘文化的兴盛、湖湘人才的成长、湖湘经济的发展，乃至中国历史文化的进程，都产生了深刻而久远的影响。

二、衡阳书院文化的三个阶段

从时间脉络和书院文化的发展历程来看，衡阳书院文化可以分为三个阶段。

（一）衡阳书院文化的滥觞之水，即初始阶段

据现存史料记载，唐代中期，衡阳出现第一所书院——邺侯书院。邺侯，即唐代宰相李泌的封号。邺侯书院之名，应为后人所加。书院这个名称，早在唐玄宗开元年间就已经出现，但晚唐以前的书院与宋代以后的书院有很大的区别，它一般非官办，而为私设；非讲学之所，而为藏书之地；非面向社会开放，而为家学、族学、士学交流所用。通言之，此时的书院与学堂、私塾之类性质完全不同。

但为什么仍称之为书院，并视之为书院文化的源头呢？因为其时的书院，尽管是小范围、个性化的，但还是开了编著、藏书、重学和授学之风，让学习从庙堂之高扩大为江湖之远，从贵族之雅延伸为平民之俗，从封闭学习之窄转化为开放学习之广。

邺侯书院，就是唐代宰相李泌隐居读书的地方。李泌是中国历史上颇具传奇色彩的一代名相，也是南岳历史上第一位皇帝钦赐的隐士。他亲历玄宗、肃宗、代宗和德宗四代皇帝，辅佐朝政，屡建功业，又屡屡辞官隐居，在南岳归隐长达 12 年，他在南岳烟霞峰下建“端居室”，以读书为乐。后来韩愈游历南岳时，写下“邺侯家多书，架插三万轴”的诗句。可见李泌当时藏书之多。端居室就是后来人们俗称的邺侯书院。

细细算来，邺侯书院迄今已经有 1200 多年历史，不管历史的风云如何变幻，邺侯书院却一代一代地传承下来。今天，我们上南岳山，仍可见到邺侯书院的旧址，当然不可能是原址，这是 1922 年重修的。

如今，在南岳福严寺的筑高台（后也称高明台），我们还可以看到李泌手书的“极高明”三个大字。这三个字包含了李泌对中国传统文化的独特认知，大家可以这样理解：

极——道家之无极，太极，无穷。

高——儒家之峻极于天，天人合一，至上，至高。

明——明心见性。

“极高明”三个字把儒释道三家的文化精华融为一体，应该说，李泌本身也是一个极高明的人。李泌最大的贡献是开创了衡阳书院文化的传统。自他以后，一代代读书人创建的一个个著名书院，为衡阳文化注入了氤氲之气，润泽了蒸湘大地的千年文脉。

在唐代，从目前掌握的资料来看，衡阳共出现了 5 所书院，除了南岳的邺侯书院，另外 4 所分别是李宽秀才书院（即宋代石鼓书院的前身）、韦宙书院、卢藩书院和耒阳的杜陵书院。而当时整个湖南乃至全国的书院是什么情况呢？据统计，唐代设置的书院共 23 所，湖南有 7 所，衡阳占了湖南的大半，全国的五分之一强。

（二）衡阳书院文化的绚烂之花，即繁荣阶段

由于科举制度的逐步僵化，官学由兴盛走向衰落，促使民间私学走上文化教育的舞台。自宋往后，当时还零散、孤立、小致的书院，迅速发展，形成了与官学并峙的文化和教育体系。衡阳的书院文化也迎来了三段黄金岁月，形成了三个发展高峰。

1. 南宋时期：推动湖湘学派的兴起，成为理学发展的重镇

两宋年间，是中国历史上一个重要的思想转型时期，传统的儒学不断转化，理学发展迅速，学派林立，鸿儒大师辈出，他们需要通过自由讲学传播自己的学术思想，培养自己的人才，扩大自己的学术影响。而书院就为他们提供了这样的平台。具体到衡阳书院的第一个黄金时代也出现在宋代，尤其是南宋，这一时期衡阳书院的代表是文定书院与石鼓书院。

文定书院之所以出名，在于它肇始了湖湘文化。文定书院的旧址，现为岳云中学“春秋楼”（即科技楼）所在地。这里是湖湘学派的发源地。儒学发展到了宋代，终于迎来了一场真正的复兴——理学的诞生。湖湘学派就学术本质而言，是宋明理学的一大学派。

理学在北宋发轫之初，有周敦颐的“濂学”、二程兄弟的“洛学”、张载的“关学”。到了南宋，则有朱熹的“闽学”、陆九渊的“江西之学”、吕祖谦的“金华之学”和胡氏父子的“湖湘学”，其中又以“闽学”与“湖湘学”最为出名。两支均是北宋二程之“洛学”南传的结果。

南宋初年，胡安国（1074—1138）来南岳衡山定居，在紫云峰下文定书院讲授《春秋》之学，湖湘学派由此而发端。胡安国，福建人，字康侯，号青山，学者称武夷先生，后世称胡文定公。绍兴四年（1097 年）进士，自后入朝做官，官至太学博士。

胡安国尽管官做得不是很大，却是中国理学史上一位重要人物。他早年拜程颢、程颐弟子杨时为师，研究性命之学。入太学时，又从程颐之友朱长文、靳裁，得程学真传。其治学理念上承二程，下接谢良佐、游酢，在理学发展史上居于承上启下的地位。胡安国对于心、理、性等理学范畴

的研究虽尚未形成规范的理论体系，但其以心为本、心与理一的思想却对后学产生了重要影响。

宋哲宗年间，罢旧党，起用新党，胡安国属保守党，被罢。他当时任湖南学事，被罢后便定居南岳，专心授学。他开始创办的是碧泉书院，后改为文定书院。也有说法是碧泉书院为其在湘潭创办。但不论其何，胡安国在文定书院的讲学撰著，深论《春秋》，不拘章句训诂，实为经世济民，感于时事，除自己的子侄胡寅、胡宏、胡宪等外，还吸引了众多湖湘士子前来就学，开启了理学的重要派别湖湘学派。

胡安国去世后，其子胡宏（1106—1162）承继了“春秋大义”家法，以南岳衡山为中心，以文定书院为基地，主持了湖湘学派的发展，培养了一大批杰出的弟子，如吴翌、赵师孟等人。

“湖湘学派”由胡安国、胡宏父子所创兴，但这一名称，是由朱熹提出，后经黄宗羲、全祖望的学案梳理而加以确定。

文定书院作为培养和造就湖湘学派人才基地，形成了一种强大的精神力量和深厚的文化内涵，直接影响了湖湘学派的发展和湖南近千年的历史。自宋往后，湖湘出现了一大批影响中国和世界的历史文化名人，如王船山、魏源、曾国藩、左宗棠、彭玉麟、谭嗣同、黄兴、蔡锷、宋教仁、熊希龄、杨度等。

宋代衡阳的另一所更具代表性、时间延续更长、影响更大的书院是石鼓书院。石鼓书院是一座历经唐、宋、元、明、清、民国六朝的千年学府，在我国书院史、教育史、文化史上享有崇高的地位。其与睢阳、白鹿洞、岳麓书院并称宋代全国四大书院。它创立于唐元和年间，衡阳秀才李宽（又名李宽中）在蒸水、湘水交汇的合江亭旁建房，取名为“寻真观”，在此悉心读书，为石鼓书院之雏形。唐代的时候，齐映、宇文炫、吕温、韩愈等名家都在石鼓留下过诗词。宋至道三年（997 年），李宽族人李士真在这里开堂讲学、广招弟子，使书院具有了教育与传播的意义。

石鼓书院曾经两次蒙皇帝赐匾，第一次是宋太宗太平兴国二年（977

年)，宋太宗赐匾额和学田；第二次是宋仁宗景祐二年（1035 年)，宋仁宗赐额“石鼓书院”。由于石鼓书院“独享”两度被宋朝皇帝“赐额”的殊荣，而步入“鼎盛”时期。但真正使它兴旺起来，是因为诸多理学大师把这里作为学术交流与传播的平台。

书院作为一种新的教学形式的兴起，与理学的兴起有着直接关系，理学作为儒学一种新的发展形态，它能更有效地倡导与弘扬孔孟创立的儒学之道。从宋代起，官学的弊端逐步显露，各级官学成了科举考试的预备场所，成了科举的附庸，把儒学倡导的“道”抛到了脑后。理学家们认为，这是读书人的耻辱，是学校教育的一种危机，为此，他们创办了一种不以科举考试为目的，而以传授孔孟经国济民之道为目的的新型学校——书院。

周敦颐为宋代理学的创立者，是诞生于湖南的第一个著名思想家。程颐、程颢都是他的学生。周敦颐做的官不大，流传下来的文章也只有 6200 多字，包括据传在衡阳西湖畔写的《爱莲说》，然而却影响深远，千古流芳。

周敦颐幼时曾在衡阳舅父郑向家读书，30 岁那年，他又只身来到衡阳，在舅父旧宅旁，兴建“濂溪堂”讲学授徒，后人称之“濂溪书院”。史志中有关周敦颐与石鼓书院的记述不多，但明代李安仁有这样的见解：“濂溪周公敦颐，古今称为绝学，其有声于石鼓，当不下唐宋诸儒。”也就是说，他应该是在石鼓书院授过业的。

100 多年后，理学大师朱熹与张栻将石鼓书院的声望推向了顶峰。朱熹是孔孟之后最伟大的儒家思想家，集理学之大成。他提出“格物致知”的理论，从深处考察客观事物，寻求知识和修养品格，其思想不仅影响中国元、明、清三代近 700 年之久，成为官方哲学，被视为儒学正宗，而且也成为 14 世纪后东方文化主流，在朝鲜和日本都被视为国学，奉为主要道德信条。朱熹是中国书院发展史上的一位关键人物。朱熹传经白鹿、讲学岳麓、论道石鼓，与中国古代四大书院中的三大书院都有着密切的关系。

张栻字敬夫，号南轩，世称南轩先生。南宋中兴名相张浚之子。他是四川绵竹人，后迁来衡阳，在南岳文定书院跟随胡宏学习，后来成为湖湘学派集大成者，与朱熹、吕祖谦齐名，当时三人被称为“东南三贤”。

1167 年，是整个中国思想史上一个重要的年份。这一年，当时闽学与湖湘学两大理学流派的代表，两位思想界的巨人——朱熹与张栻，嘉会于岳麓，论道于石鼓，开创了中国传统教育中自由讲学、自由辩论的先河，碰撞出灿烂的思想火花，为理学的发展注入了一股强大的生命力，对后世学术的演变产生了重要影响，也使得书院这种提倡自由辩论、思想碰撞的民间办学形式蓬勃兴旺起来。

见证了朱熹、张栻与石鼓书院关联的是一座著名的三绝碑。所谓三绝碑，一绝为韩愈诗，即韩愈的《合江亭》诗；二绝为朱熹文，即朱熹作的《石鼓书院记》；三绝为张栻书，即张亲书、韩朱两人的《合江亭》诗和《石鼓书院记》。后人将此镌制成石碑，置于石鼓书院内。1944 年“衡阳保卫战”前夕，国民党第 10 军构筑阵地时，为了使石鼓书院内以“三绝碑”为首的 50 多块珍贵碑刻免遭战火的破坏，将这些碑刻全部沉入湘江。

1960 年市民在湘江中发现这批石碑，1962 年是王船山逝世 270 周年，全国船山学术思想讨论会于 11 月在衡阳市召开。10 月，衡阳市政府为此决定在衡阳市船山图书馆（今岳屏公园内市书画院）右侧建成一座护碑亭，专门保护、陈列这批石碑。可惜的是，这批石碑没有躲过“文化大革命”，于 1967 年全部被“造反派”砸毁。

石鼓书院也有“三绝”：“有书翻不动，有鼓擂不响，有字认不得”。“有书翻不动”，这本书就是石鼓广场上的石雕大书，上面镌刻的，就是朱熹的《石鼓书院记》——天下书院的纲领性文献；“有鼓擂不响”是石鼓；“有字认不得”是禹王碑，上面的远古文字我们一个也认不得。

宋代衡阳的著名书院，除了前面所说的文定书院与石鼓书院，还有张栻创办的南轩书院，位于南岳大庙西边的赵季西书院和衡山的清献书院、常宁的芹东书院（清代改名为双蹲书院）等。

2. 明代时期：推动“王湛之学”的交流，成为心学传播的平台

元朝一代，书院基本处于政府监控之下，石鼓书院与全国其他书院不一样，是少有受统治者重视的书院。元时有记载的石鼓书院山长有邓大佐、程敬直、王复、康庄、张珪，元时著名官宦学者伯颜、契玉立、李处巽、陈松年都题写过石鼓山水、书院诗文胜景，说明石鼓书院在当时是享有盛名的。但南宋的自由讲学之风，已经是荡然无存。整个元代，衡阳的书院文化处于低潮，也没有创办新的著名的书院。

到了明代，衡阳的书院文化又迎来了一个鼎盛的发展时期，石鼓书院再次成为全国性的学术交流中心。

一个关键人物是湛若水。湛若水，明代哲学家，字甘泉，世称“甘泉先生”，官至礼、吏、兵三部尚书，属明儒理学的白沙学派，主张“随处体认天理”的理论，他与主张“致良知”学说的王阳明虽各立门户，但却是至交好友。湛若水是一位活了 95 岁高寿的理学大师，40 岁才中进士，直到嘉靖十九年（1540 年）75 岁时才告老还乡。湛若水与王阳明一样，既为官又为学，用王阳明的话说，他们“共以倡明圣学为事”（《王文成公年谱》），这个“圣学”当然是孔孟儒学。儒学在宋时为理学，明代初叶，“心学”的崛起可以视为儒学的又一次革命。

明代“心学”的主要代表就是王阳明、陈献章与湛若水。湛若水是陈献章的高足。宋初理学的鲜活生命发展到明初已成为死水一潭，学术界循规蹈矩，不敢越雷池半步。陈献章却敢于挑战权威，以开放的学风冲破这种思想僵化的局面。王阳明没有见过陈献章，却通过其高足湛若水对陈献章的学术进行了系统的总结。

陈献章人称白沙先生，是广东唯一一位从祀孔庙的明代硕儒。据说陈献章对衡阳特别是南岳情有独钟，做梦都想到南岳“逍遥游”，他写《梦游衡山》一诗，诗云：“衡岳去天能几何？一株松下月明多。南极老仙骑鹿过，一瓢斟月两岩歌。”他还写《忆衡山》，诗云：“由肱何处洗湘骨，

不到名山死不休。高咏祝融峰顶月，与君当作逍遥游。”陈献章究竟到没到过南岳，有待进一步考证，但他对南岳的感情却感人至深，有“不到名山死不休”的夙愿。

明代“心学”的三位主要代表人物，陈献章对南岳魂牵梦萦，却没有确切资料证实其到过衡阳。王阳明虽然曾游南岳并在文定书院讲学，却来去匆匆。只有湛若水，与衡阳的情缘最为深厚。

明嘉靖初年，王阳明在文定书院讲学时，曾邀湛若水同游，却未果。直到20多年后，湛若水才来到南岳，此时已78岁。从78岁开始，湛若水先后三次游历南岳。第二次游时，年届80岁；第三次游时，是年已91岁，寿翁游寿岳，其乐无穷。李元度在《南岳志·前献》中记述：湛若水“九十一复游衡，舟泊石鼓，题诗讲堂壁间，再登南岳，栖迟凡数月。庞眉皓首，步履如飞，望之若仙人云”。

湛若水是广东增城甘泉都人，他在第二次游南岳时，看中了紫云峰下一片风光独秀之地。此处群山环绕，清溪涓流，后山青松翠竹，曲径通幽，幽深处有迷人的紫云洞。如此清净优美的环境，正是读书讲学的好地方。当年湖湘学派的创始人胡安国选中此处，创办文定书院。湛若水决意步胡安国后尘，他在南岳紫云峰下建甘泉精舍（后改为甘泉书院）；讲学期间，又在南岳修建白沙书院以纪念他的老师陈献章。

湛若水之所以对衡阳情有独钟，主要原因是南岳和石鼓书院是他心中传播和研究理学的圣地。湛若水先后五次到石鼓书院讲学，高扬心学旗帜，湖湘学子慕名而至，极大地推动了心学对理学的变革。

石鼓书院作为当时全国的学术中心，不但湛若水对它青睐有加，王阳明的弟子也对它非常重视。嘉靖十年（1531年），王阳明的弟子邹守益慕名而来，讲学石鼓书院，阐述“致良知”的思想，从学者蜂拥而至。

邹守益号东廓，是江西安福县北乡澈源人。北乡澈源邹氏，是江南极负盛名的名门望族，四代人中有7名进士、1名解元、5名举人、1名贡元。其中明正德年间的邹守益最为著名，他一生重视教育，崇尚简易明白、朴实无华、直指本心。他认为，教育是人后天赖以长进的最根本途径，他把王阳明的“致良知”学说作为道德教育的根本，并对“致良知”作了充分的发挥。他也在南岳办了一所书院，取名东廓书院。

学者用“王湛之学”统称阳明学派（王学）和甘泉学派（湛学），“王湛之学”作为明代中叶的盛学，两派虽各立宗旨，但他们的门人弟子并没有多少门户之见，王学门人可以卒业于湛学，湛学弟子可以受业于王学，王、湛二学成为“秦晋之好”，这在学派林立的中国学术史上，是一件值得称道的事情。当时衡阳的石鼓书院以及甘泉、白沙、东廓等书院，作为“王湛之学”最重要的传播平台之一，众多一流的学术大师交相辉映，一时名重天下，形成了南宋之后的又一个鼎盛高峰。

3. 清末民初：推动船山实学的传播，成为近代人文的源流

清代衡阳的书院，经历了肃杀和繁荣两个阶段。在雍正之前，衡阳的书院比较萧条，在雍正以后的100多年间，衡州府先后恢复和兴办书院50多所，其中最著名的当数船山书院。船山书院是晚清颇具特色和影响的一所书院。书院从创办伊始，就以“讲明夫之之学”为办学宗旨，重在以船山精神培养经世致用的人才。

明末清初，衡阳诞生了中国古代思想史上最后一位集大成的思想家——王船山。然而由于王船山是主张反清复明的，在其后200多年间，他的思想并不为世人所知，更不为统治阶级重视，直到清同治年间，湘军统帅曾国藩力倡船山学，刻印《船山遗书》，使“阒寂二百年的船山学倡行天下，成为风行中国一大显学”。

曾国藩力倡船山学，和他在衡阳的一段求学经历不无关系。清代中叶以后，衡阳书院的兴盛，不仅吸引了大批本地子弟就读，对外地学子也产生了很大的吸引力。年轻时的曾国藩，当时也慕名来到衡阳，先后在欧阳凝祉处和金溪双桂书院求学。

欧阳凝祉先生屡次科考失意，但凭着自己渊博的学识，成了远近闻名的教书先生。曾国藩慕名投师欧阳先生，一开始并不受先生重视，欧阳先

生发现这个小伙子虽然学习勤奋，却往往衣冠不整，不拘小节。有一次，欧阳先生见曾国藩一屁股坐在教室的门槛上，便面带怒容，大声喝道："你为何这样乱坐，有失体统！"谁知曾国藩面不改色，从容答道："我要坐正这地方！"（湘乡土语称门槛为地方）欧阳先生从此开始器重曾国藩。通过一段时间的教育观察，欧阳先生认为曾国藩最能吃苦，志存高远，城府深藏，他日必成大器，便把自己的女儿许配给他。

20 岁那年，曾国藩又和他的弟弟曾国潢一起到衡阳县金溪双桂书院求学。双桂书院又叫桂芳书屋、桂花轩，这所由唐翊庭创办的书院，请来了著名的汪觉庵老先生执教。汪觉庵不但是衡阳硕儒，而且与王船山的六世孙王世全为儿女亲家，对船山学深有研究，他以王船山的经世致用之学教授弟子，曾国藩兄弟受益匪浅。

后来，曾国藩通过了县试、乡试、会试和殿试，赐同进士出身，进入了翰林院，但他仍然对在衡阳的求学生涯十分眷念，就在他入翰林院的当年，他还告假回衡阳，为老师祝寿。后来南征北战，他随身携带一部《船山遗书》。船山之书，是他天天必读之书。

在曾国藩、郭嵩焘等人的大力倡导之下，船山学成为晚清的显学，思想文化界出现了人人都说船山好的奇特景象。推崇船山之学，衡阳人自然是责无旁贷。光绪十年（1884 年），衡阳士绅集资在城南创建船山书院，时任两江总督的曾国荃将家藏所刻《船山遗书》320 卷版片捐给书院。第二年，衡阳籍兵部尚书彭玉麟独捐白银 12000 两，买地改建于湘江中的东洲岛。

书院建成后，彭玉麟亲笔题写"船山书院"四个大字，还撰写楹联，上联是："一瓢草堂遥，愿诸君景仰先贤，对门外岳峻湘清，想见高深气象"；下联是："三篙桃浪暖，就此地宏开讲舍，看眼前鸢飞鱼跃，无非活泼天机。"

彭玉麟力邀王闿运担任船山书院山长，王闿运是晚清著名学者，时有"南王（闿运）北俞（樾）"之称。开始王以体弱年高为由婉拒彭玉麟邀请。不久，王在长沙的住宅——湘绮楼失火。彭玉麟听说后，特意在船山书院里为王闿运修建一所“湘绮楼”，等候王闿运光临。遗憾的是“湘绮楼”建成不久后，彭玉麟辞别人世。但彭玉麟的精诚还是感动了王闿运。光绪十七年（1891 年），也就是彭玉麟逝世后的第二年，王闿运从长沙来到东洲岛，主持船山书院，报答彭玉麟的知遇之恩。

王闿运一生在经、史、文学、教育等方面成就斐然，他曾经主编过《衡阳县志》《湘潭县志》等多种地方志书。王闿运自认为最得意的史学著作是应曾国荃之请而写，反映湘军完整历史的《湘军志》。王闿运本人与许多湘军将领关系很深，对曾国藩也颇为推崇，但在书中除褒扬湘军的功勋战绩外，对太平军前期声势的凌厉、清朝内部各派势力的矛盾、湘军初期曾屡战屡败的状况，以及曾国荃攻破江宁后纵军掳掠、吞没财物的情况都不加掩饰，一一加以叙述。所以这部书一刻印就遭到一些湘军将领的攻击，认为它是“谤书”，迫使王闿运将原版交郭篙焘毁掉才得以免祸。但后代学者对《湘军志》评价很高，称其“文笔高朗，为我国近千年来杂史中第一声色文学”。

王闿运长期从事教育工作，在船山书院掌教的时间长达 25 年，许多近代风云人物都是他的学生。其中杨度与蒋啸青都叱咤一时。

杨度，字晳子，生于光绪元年（1875 年），湖南湘潭人。他从光绪二十一年至光绪二十八年求学于船山书院，杨度研习船山思想，深为船山精神所折服，他感叹“惟有船山一片心，哀号匍匐向空林”。他立志以船山为榜样，献身复兴民族的大业。甲午战败后，杨度痛感清王朝的腐败无能，他东渡日本，寻求救国新路，并写下了回肠荡气的《湖南少年歌》，以沉痛的歌咏道出湘人不屈的心声：“若道中华国果亡，除是湖南人尽死。”

耒阳人蒋啸青于光绪二十九年（1903 年）求学于船山书院。后来在湖南省立三师、三中、三女当过多年校长，他治学有方，被尊为“湘南教育王”。蒋先云、黄静源、陈为人、谢维俊、何宝珍、毛泽建、伍若兰、卜仁贞等著名先烈英勇投身革命，都与蒋啸青的教育分不开。

王闿运在教育上倡导有教无类，不重出身门第，只问人之才学，主张凡人有好学之心，即有诱之之责。他在船山书院掌教时，曾将僧人释敬安、铁匠张正炀、木匠齐白石、铜匠曾昭吉四人招在门下，收为弟子，悉心点化。后来四人都有不凡的造诣，人称“王门四匠”。

“王门四匠”之一的僧人释敬安，又叫“八指头陀”，是中国近代一位著名的爱国诗僧，王闿运爱其诗才，邀他参加“碧湖诗社”，并纳于门下受教，专授为诗。“王门四匠”另一著名人物齐白石早年家境贫寒，少年学花雕木工，雕刻技艺精妙。1899 年，齐白石在友人介绍下，拜王闿运为师，成为王门弟子。初来船山书院，齐白石因为老师名声显旺，而自己只是一名穷苦木匠，曾经感到不安。王闿运看过齐白石的诗文画作后深爱其才，对他竭力提携。多年以后，齐白石回忆师门恩遇，仍铭感不忘。

1915 年，迫于新学的压力，船山书院改为船山存古学堂，这年秋天，王闿运最后一次登上东洲岛，清理学产，并作《船山书院记》，标志着船山书院的命运已经终结。虽然在衡阳的著名书院中，船山书院存续的时间是最短的，但影响和贡献却不可磨灭，特别是其既讲授思想，又传播实学，让更多的文人学者、百匠千家、凡夫俗子经世致用，接受船山思想和现代学术，一大批的革命先贤和人文巨匠都深受其影响，可以说是近现代人文的重要源流。

（三）衡阳书院文化的薪传之火，即传承阶段

民国中后期，衡阳的书院纷纷迁建，改为学堂或现代学校，也有的废弃于野，成为历史深处的记忆。但衡阳书院文化并没有中断，而是以另一种形式在传承、弘扬和光大。

民国时期，随着新学的兴起，衡阳随之成为湖湘革命摇篮和文化教育中心之一。特别是抗战时期，衡阳还一度成为国统区的第二或第三大城市，许多大学、中学迁移至此。如湖南师大的前身湖南国立师范学院创办于 1938 年，是我国第一所独立举办的师范学院，抗战后至新中国成立一直迁在南岳办学。

新中国成立后，衡阳依然是湖南的教育大市、文化大市，衡阳的高等院校数量、在校生、科研水平等均位居全省前列。现在南华大学、衡阳师院、湖南工学院、衡阳市一中、岳云中学等学校，与衡阳历史上的书院都有着一脉相承、同源同根的关系。

今天的衡阳，一直致力于传承千年的书院文化。2006 年，举全市之力重修了石鼓书院，让千年石鼓重新迸发人文之光。对船山书院、文定书院、邺侯书院等也正在抓紧保护、修缮之中。更重要的，突出教育先行和文化强市，大力实施“文化塑城”，衡阳的文化源流一直滚滚向前、延绵后世。

三、衡阳书院文化的三点启示

书院是封建制度和文化的产物，是中国历史文化史上的一朵奇葩。追思衡阳灿烂的书院文化，有三点值得感悟的启示。

（一）文化是名片，必须擦亮彰显

“山不在高，有仙则名；水不在深，有龙则灵。”即使是普通的山水，一旦与名人结缘也会立刻身价百倍，成为众人所景仰、所神往的名胜，更何况一座全景生态、资源丰富、上百万人居留的城市？一座城市，最有内涵和价值的是文化，最具标识性和代表性的也是文化。从衡阳书院文化来看，毫无疑问这是衡阳最具亮点和特色的文化名片之一。但这张名片，如果不擦亮、不发掘，依然会沉于古籍古典之中，而不为人知、不为人所用。这些年来，我们不断搜集资料、修缮旧址、扩大宣传，就是为了把这张名片更好地打出去，让它彰显品位、增强影响、扮亮城市。

（二）文化是土壤，必须深垦细培

从书院文化的发展脉络来看，环境与文化是互促互进、互为依存的。有什么样的社会环境，就会有什么样的文化业态；有什么样的文化气象，就会有什么样的社会环境。衡阳的千年书院，是衡阳历史文化长河中最重的一笔，它既是传统文化变革的重地，又是开放性的学术研究中心，还是教育革新的基地。衡阳之所以能勇立书院文化的潮头，也是因为衡阳抓住了历史的机遇，打造了包容、开放、奋发的社会氛围，涌现了一批心忧天下、敢为人先、甘于奉献的仁人志士。文化的土壤，需要深垦细培，让最优秀的思想文化种子，在这里生根、发芽、成长。

（三）文化是责任，必须传承弘扬

文脉不绝，自有兴。文化也是一种责任，立于当代，需要以文化来启蒙思想、振奋精神、丰富生活、提升品位；处于后世，需要把文化搜集梳理、发掘保护、传递继承、发扬光大。作为衡阳这座历史文化名城的一分子，我们肩上的担子更重、使命更大。衡阳有着如此深厚、灿烂的文化，既是我们的骄傲，也是我们的责任。衡阳上下须努力学习、志存高远、积极行动，立足文化、深挖资源，为衡阳打造文化之城、推动崛起而奋斗。

广东书院兴衰历史与发展前景

张宇航①

广东位于岭南一隅，地理上距离中原和京城较远，接纳、融入中原优秀传统文化的时间较晚。广东靠山面海，历史上曾是中国的重要口岸，先于内地受到海外文明和科学技术的影响。这种地理位置的优劣，决定了广东在全国经济社会和文化发展中的特殊地位。广东书院的发展历史也随地理位置重要性的变换而兴衰。

一、广东书院的兴盛衰落简况

岭南人办私学，始于东汉初年的“岭海儒宗”、苍梧广信（今广东肇庆封开）人陈元。东汉末年，广东番禺人杨孚从洛阳回归故里，在漱珠岗（今广州海珠）结庐著书讲学，聚徒授业。三国时期，东吴骑都尉虞翻谪居广州，将第五代南越王赵建德的故宅（今广州光孝寺）辟为虞苑，讲学授徒，门徒常数百人。上述讲学授徒，多是居家传授形式，为广东书院之雏形和基础。

唐元和十四年（819年），刑部侍郎、“百代文宗”韩愈被贬为潮州刺史，“积极用世”，重兴州学，并亲授中原文化。苏轼《潮州韩文公庙碑》

---

① 张宇航：广东省文史研究馆馆员，广东省人大原常委、省人大教科文卫委原主任委员。

有“始潮人未知学，公命进士赵德为之师。自是潮之士，皆笃于文行，延及齐民，至于今，号称易治”的记载。韩愈在潮州延办的州学，仅迟于我国第一间有文字记载的、开元六年（718 年）唐玄宗在京城创办的书院丽正书院（后改名集贤书院）100 年。但有学者认为，韩愈的州学只属于“书舍”，未称得上是实际意义上的书院。

据学者考究，广东最早的书院，是北宋宋太祖建隆三年（962 年），由孔子后人孔闰在南雄（今广东韶关南雄）油山平林村创办的孔林书院。孔林书院招收本村本族及附近的农家子弟入读，办院经费由孔氏独家资助，未得官府扶持。随后是创办于北宋景德三年（1006 年）的英德涵晖书院。

清代岭南名儒屈大均在《广东新语·卷十一“文语·广东文集”》中说：“广东居天下之南，……天下之文明至斯而极。极故其发之也迟，始然于汉，炽于唐于宋，至有明乃照于四方焉，故今天下言文者必称广东。”宋代以来，广东兴办书院之风日盛，书院也渐从山林转入城市；至明中叶开始直追中原，清代达到高峰。有学者统计，宋代广东共开设书院 26 所，其中建于南宋嘉定年间（1208—1224）的广州禺山书院，是第一间略具规模的书院。明代广东书院总数位居全国第三，新创办书院数居全国第二。到了清代，广东书院发展更是达到高峰。其中，广州的书院数量居全国之首，粤华书院、越华书院和羊城书院并称“广东三大书院”。除官办书院众多外，民间书院同样发展迅速。在广州的大马站、小马站及流水井一带，云集了数百家以宗族姓氏命名的书院、书室、家塾、家祠，形成了面积达 3 平方公里的书院群，蔚为壮观。落成于清光绪二十年（1893 年）的广州陈家祠又称陈氏书院，是广东各地陈氏宗族共同捐资兴建的“合族祠”，为陈氏宗族子弟赴省城备考科举、候任、交纳赋税、诉讼等事务提供居所。

直到 1901 年，清政府颁布“兴学诏”，将书院改为小学堂、中学堂、初级师范学堂和高等学堂，推行西式教育发展新学，广东的书院才逐渐式微，呈现衰落之势。

可见，广东的书院建立虽然晚于中原，但在历史发展中曾经走在全国前列，位居全国四个“书院大省”（明代江西、广东、福建、湖南，清代四川、广东、江西、湖南为全国书院最发达地区）之一，为宋以后中华文明传播传承作出过重大贡献。尤其是在清道光四年（1824年）阮元任两广总督期间，改革陈旧学风，培养出大批经世致用人才，使广东书院在全国声名鹊起，影响至深。

二、广东书院的主要特点

梳理、分析广东各朝代书院发展的历史，主要有以下几个特点。

（一）书院伴随经济中心转移发展而兴衰

唐代，广东经济和文化发展主要集中在粤北（今广东韶关），广府文化在南雄发源。唐宋期间，大量中原、江南移民经粤北南下迁往珠江三角洲，带来了先进的中原文化。至明代，朝廷积极开发珠江三角洲，广府地区（今广州、佛山、江门、中山、珠海、肇庆等地）替代粤北成为岭南经济中心。广东书院随之集中于珠三角的广州、佛山、江门、肇庆等地，其主要功能也逐渐从祭祀、授业，向教育机构、学问研究和文化传播转变；从古代培养士人修身、齐家、治国、平天下，向培养适应经济社会发展需要的、中西会通的知识精英转变。

宋乾道二年（1166年），户部司判宣议郎钟遂和辞官回广州萝岗创办仲德庵书斋，延师课子及教育乡邻孺子，培养出其子钟玉岩及崔与之等进士。崔与之9岁入读，33岁赴临安入太学读书，宋光宗绍熙四年（1193年）参加会试高中进士，成为岭南士子由太学考取科举第一人。嘉定十四年（1219年）崔与之知成都府兼成都路安抚使，两年后升任四川制置使。嘉定十七年（1224年）告老辞官回乡，此后“八辞参知政事、十三辞右丞相”；嘉熙三年（1239年）以观文殿大学士、提举洞霄宫致仕，逝世后谥号“清献”。钟玉岩则于南宋开禧元年（1205年）中甲科进士，官至中书省兼知政事朝议大夫。后辞官归里，改先前读书处为“萝坑精舍”，继续讲学授徒。

明嘉靖十三年（1534年），广州府南海县张槎弼唐村（今佛山禅城张槎）人庞嵩参加乡试，考中举人，随后在罗浮山黄龙洞设馆授徒，百多名学子慕名前来求学，“从游甚众”。后任南京刑部员外郎、云南曲靖知府，因被人陷害而罢官，回广州天关书院讲学与研究学问，并拜理学大师湛若水为师，尽得湛氏学派精粹。湛氏逝世后，庞嵩主持天关书院，被公认为当时南粤理学宗师。

清嘉庆二十二年（1816年），阮元调任两广总督，以提倡学术、振兴文教为己任。当时广州已有羊城、越华、粤秀、应元四大书院，阮元仍感未能满足士子进修学业之需，遂在广州城北粤秀山创办学海堂书院。学海堂以专重经史训诂为宗旨，提倡“崇尚汉学、实事求是”，要求学生“或习经传，寻疏义于宋齐；或解文字，考古训于《苍》《雅》；或析道理，守晦庵之正传；或讨史志，求深宁之家法；或且规矩汉晋，熟精萧《选》；师法唐宋，各得诗笔。虽性之所近，业有殊工，而图有可兼，事亦并擅”。学海堂还实行专课肄业生制度，并自行刊刻经籍及汇编本书院师生文章，大力推动学术研究和交流。广东新会人梁启超于清光绪十一年（1885年）进广州学海堂读书，学习汉学，萌发了“弃帖括之志”；光绪十五年，梁乡试中举，逐渐抛弃昔日追求，走上救国救民之路；光绪十七年，梁启超与陈千秋等人请康有为在广州万木草堂讲学，全盘接受康有为的思想学说，了解天下大势和民族危难，立志为改良救国、振兴中华而奋斗。

清光绪十三年（1887年），两广总督张之洞在广州筹建广雅书局和广雅书院，并设藏书楼。次年开学，学员由两广各州府严格挑选。张之洞提出“中体西用”的教学原则，聘浙江义乌学者朱一新出任第二任院长。朱既强调读史（包括时务与经济之学），又重视西学，秉承张之洞在《请颁广雅书院匾额折》中说的“上者阐明圣道，砥砺名节，博古通今，明习时务，期于体用兼备，储为国家桢干之材”的办学宗旨，为国家培养时务人才。朱一新还认为“治西学须明其地势，考其政俗，以知其人之情伪，为操纵驾驭之资”，向学生讲述化学、光学、西医、铁路、农业器械等知识。光绪二十五年，广雅书院率先附设西学堂。有学者认为，张之洞创办广雅书院，是中国近代教育制度启动的重要标志。广雅书院的藏书阁藏书达5万多册，在当时居全省藏书之冠。到1901年，广雅书院与湖北两湖书院、自强学堂及上海的南洋公学并称全国四大学府。

可见，广东书院的创设一直与岭南经济社会发展的走向和变化同步。书院所传授的文化知识、所发挥的教育作用、所培养的适用人才，也随着当时当地经济社会发展需求变化而变化。

（二）融合南越文化、中原文化和海洋文化

秦以前，岭南广东一带尚属百越之南越，民间延续南越本土文化。始皇帝二十八年（前219年），秦派屠睢、赵佗率兵南下平定岭南（屠睢死后，秦任命任嚣为主将）。赵佗后建立南越国并任南越王，实行“和辑百越”政策，即尊重当地越人的生活习俗、重用越人、将汉人迁入南越通婚杂居；引入中原先进耕作技术，促进岭南经济发展。并带来中原文化，改变“粤人好讼”的民风。随着唐宋中原大量移民进入岭南，南越文化与中原文化相融也更为热炽，儒、法、道、佛各家思想在广东得以积极传播，至明初广东人文兴起、才贤大起，明中叶后开始直追中原，广东各地的书院亦呈现蓬勃生机。

汉代，广东开始与海外文化交流。《汉书·地理志》完整记载了南海、印度洋航路的情况，依托这条从日南（今越南广治）、广东徐闻、广西合浦至斯里兰卡的海上交通贸易航线（后来成为闻名的海上丝绸之路），中外互易货物、互学文化和航海技术。中华文明随之流传海外，令世界认识中国；欧洲各国派使节到中国通好，也带来了海外文明，包括佛教、阿拉伯医药、各类作物品种等，使广东文化更富于多元性和开放性。

在广东书院的发展史中，比较出名的有粤华书院、越华书院、禺山书院、番山书院、庐江书院、玉岩书院、广雅书院、学海堂、应元书院（相当于研究生院）、濂溪书院、格致书院、端州书院、浚元书院等。湛若水等在佛山南海西樵山创建大科书院、石泉书院、四峰书院、云谷书院，吸引各地名儒，使西樵山成为全国知名的“理学名山”；西樵山还有民办的三湖书院、云溪书院、云瀛书院。豫章书院为南沙剑州人罗豫章创办。罗豫章是宋朝经学家、诗人，豫章学派创始人，曾在江西、黔东、广东、福建创办四家豫章书院，用于其学派讲学授课，传播程朱理学。最早的豫章书院于南宋时期在江西创办；广州的豫章书院建于清光绪十九年（1893年），规模最大。

值得一提的是，岭南之地偏远荒蛮，历朝多为贬官流放场所。不少文学修养高、忧国忧民的官员被贬至广东北部、东部、西部及崖州（今海南省），在谪居期间积极向当地民众传播中原文化，大大加快了珠江流域与长江流域、黄河流域文明的交融进程。除前述唐代大文学家韩愈“辟佛累千言雪冷蓝关从此儒风开海峤，到官才八月潮平鳄渚于今香火遍瀛洲”外，刘禹锡被贬粤北任连州刺史时，开创重文兴教风气，开启民智，推动当地获得“连州科第甲通省”的美誉，培养出连州第一个进士刘景。北宋宰相寇准于宋仁宗乾兴元年（1022年）受刘太后及丁谓迫害，先贬道州司马，再贬雷州司户参军（负责户籍、赋税、仓库的地方小官），在雷州建真武堂和浚元书院，亲授中州语音，授徒传业。他们也为中原文化与南越文化融合和广东书院发展作出重大贡献。

清乾隆时期，推行闭关锁国政策，乾隆二十二年（1757年）只保留广州为唯一通商口岸，广州得以更多地接纳和融合海洋文化。1839年，英国人温施娣和美国传教士塞缪尔·布朗在澳门创办中国近代第一所西式学堂——马礼逊学堂，开设英语、汉语、算术、几何、物理、化学、生理卫生、地理、音乐、美术等课程，培养出近代改良思想家容闳和中国近代第一位著名西医黄宽等高才生。1864年，清政府创办广州同文馆（广州最早的外语学校），培养英语、法语、德语等翻译人才。1898年，在“戊戌变法”的直接促使下，邓家仁、邓家让等人在广州西关创立了广东首家民办新式学堂——时敏学堂，开设修身、国文、地理、政治、格致、算学、英文等课程，该校被认为是国人自办的学校“男女同校之始”和“学生自费出洋留学之始”。

（三）领风气之先，自成学派

广东书院在延续传承传统文化的同时，还充分发挥研究学问之功能，吸收中原传入的各家思想并创新，在一定历史时期中形成不同于中原或江南其他地区的学派，并风靡全国，明清时期尤为突出。正如屈大均所说：“此文献金鉴之录、文庄衍义之补、文简格物之通、文襄皇极之畴之所以与皋谟健身训相彪炳也。自洪武迄今，为年三百，文之盛极矣。”

西汉后期，广东出现陈钦、陈元、士燮等著名经学家，成为全国一流的学术界领军人物。东汉广东番禺（今广州海珠）人杨孚是广东最早著书立说者，他创作的《异物志》，为我国第一部地区性的物产专著；汉和帝时期，他提出的“以孝治国”的建议被和帝采纳，下诏命令“臣民均行三年通丧”，导致以“孝治”为主要标识的封建礼教延续影响千余年。

南宋四川路安抚制置使崔与之（号菊坡）辞官回乡，建住宅于广州城西（今广州朝天路崔府街）。他所开创“菊坡学派”被认为是岭南历史上的第一个学术流派；又颇有词章造诣，开岭南宋词之始，有“粤词之始”之称。他的成就最能体现带有广东文化特征的人生哲学，全面总结、实践了广东理学传统，在学术上多有建树，名垂青史。崔与之门下李昴英（号文溪，广州番禺人），南宋淳祐二年（1242 年）曾任吏部侍郎，为官扶扬正气、刚直不阿，辞官归里后在广州、东莞、顺德等地讲学，培养人才。李昴英继承和光大了崔与之的“菊坡学派”，重仁治、重君、重才观，使之成为当时岭南学术的主流学派。

明成化元年（1465 年），广东新会人陈献章（白沙）在其隐居的书舍春阳台设馆教学，乡村邻邑学生慕名而来。陈献章对当时“唯朱程理学是尊”的学术氛围深感忧虑，认为“此学寥寥，世间无人整顿得起，士习日见秃靡，殊可忧也”。遂创立“以学贵知疑，独立思考”，提倡自由开放学风为特征的“江门学派”，蜚声全国学坛。江门学派倡导“自得之学”的自我取向和“自然为宗”的人生真谛，提倡个性自由、人格独立，形成独具理论特色的江门心学思想体系，为广东文化作出突出贡献，并在中国哲学史上产生了深远影响，推动明代文化发生转化。陈献章的入室弟子湛若水（号甘泉）继承陈献章学说，并以“随处体认天理”为宗，提出“格物为体认天理”与“为学先须认仁，仁与天地万物为一体”的理念，创立了“甘泉学派”，自成理学一大门派，与王阳明的“阳明学”被时人并称为“王湛之学”。湛曾与王阳明同时讲学，各立门户。王主讲“致良知”；湛主讲“随处体认天理”，强调以主敬为格物功夫。湛若水在全国各地创办书院近 40 所，弟子多达数千人，遍布大江南北，促进了明代心学的发展与繁荣。至 75 岁致仕回广州，仍建天关书院讲学。屈大均说：“知在于物，物外无知，物在于知，知外无物。知不可致，必格吾物以致之，物不可格，必致吾知以格之，格致一也。湛、王之说，善会之无有不同，格知中之物，致物中之知，而《大学》之道尽之矣。”

清道光二十年（1840 年）担任广州学海堂长、清同治六年（1867 年）出任菊坡精舍院长的清代著名学者陈澧（号东塾），创立了“东塾学派”。该学派学通汉宋，兼以郑玄、朱熹为宗，不为汉宋门户所限，于汉宋间不偏不倚。认为不仅要学汉儒之学，尤当学汉儒之行，主张对汉学、宋学“能会其通”。徐世昌在《清儒学案》中评价说：“自阮文达治粤，提倡学术，人才蔚兴。东塾后起，尤为大师，兼以郑君、朱子为宗主，通汉宋之邮……其宗旨特为醇正。”

三、现代广东书院发展之我见

书院是时代产物，是为了适应和满足社会经济发展需求而出现、兴衰的。自东汉至清末，广东书院曾有过祭祀、研学教育、学问研究、培养适用人才及藏书等功能，在中华优秀传统文化的传承和发展中起着重要的作用；既为古代社会培养了许多立志修身、治国、平天下的士人，也为近代社会培养了许多中西今通的知识精英。当社会发展进入现代，书院的教育和培养适用人才功能被日益强大的学校教育体系、科研体系所取代，它也就日渐淡出历史舞台的中心位置，失去了昔日的辉煌。尽管如此，书院作为文化传承的重要平台和阵地，还有它的拓展空间。我们现在研讨书院创新发展，需要伴随当前和今后社会经济发展步伐，以传承中华优秀传统文化为己任，把推进书院发展作为文化遗产传承创新的重要内容，走出一条新时代书院发展的路子。笔者提出以下几点不成熟之见。

（一）理顺管理体制

就广东而言，目前既有高校所属专门书院，也有社会上由民间举办的书院；既有属教育部门管理的书院，也有古建筑修复后属建设部门管理的书院；而国学及历史文化遗产传承又属文化旅游部门管理，或由社会力量租借管理部门的场所开办民间书院进行传承。像广州大小马站书院群里的庐江书院，修复后归建设等部门管理，转租给有关部门开设金融博物馆。这种管理体制无法让书院合成有机整体，发挥最大作用。政府对现存书院似应有功能整合意识，理顺管理体制，指定教育部门或文化旅游部门作为其业务主管，而不应以开办场所的所有权分设任其泛滥或衰落；并且应从管理制度上明确其办学宗旨、课程设置、培养对象、国家认可等要求。这样才有利于书院“找到组织”，有明确的办学方向和规范。

应把书院发展作为当地文化建设的重要载体和平台，给书院一个发展的空间和机遇，大力支持、扶持其按现时和今后需求发展，填补现有大中小学培养人才的不足。政府有关部门主管或者由公办大中学校设立的书院，应当保障充足的资金和师资力量；社会力量主办的书院，需要政府给予政策和资金的支持。

（二）发挥书院独特功能

书院能否创新发展，关键在它是否具备适应时代需求的功能。现代书院教育与国民教育体制内的学校教育不同，应重在通识教育，重在研究学问，大力推进国学文化传承创新。这种功能尤其适用于大学毕业后的继续教育、精英教育和人文教育，聚集有志者研究学问，培养高素质的实用人才。同时，书院也可作为地方研究院所、地方藏书和学者著书的园地，作为经历过国民教育体制培养后的学者进一步读书学习、研究学问的平台，作为地方政府和工作部门集聚智慧的智库、智囊团队。

（三）重视马克思主义与中华优秀传统文化相结合的研究，重视农耕文明与游牧文明融合的研究

历史上的广东书院重视南越文化、中原文化和海洋文化融合，着力培养与当时社会发展相适应的经世致用人才，其办学经验值得我们今天借鉴。今天的书院可把研究马克思主义与中华优秀传统文化相结合作为主修课程，使学员成为掌握这种结合原理和途径的经世适用人才。同时重视研究农耕文明如何与游牧文明相融合，交流、吸收世界各国优秀文化，努力从经济、自然生态、科学技术、人文环境、文化教育等方面出新出彩，所得成果能够用于新时代经济社会各方面建设。

（四）坚持修身齐家与修心养性结合

书院可以通过对历史文化遗产的深入研究，弘扬国学，让社会各界人士沉浸式学习领悟，提升自我修身、修心的能力。人一生都要学习、提升，但不可能一辈子都在学校里读书，单位、家庭、书院可以作为个人终身学习的有利场所。当今的学校教育，多以基础专业知识为重，学生在校时间较短且较少接触社会实际，难以对所学知识有更深切的感受和理解。书院正好弥补此不足。在坚持意识形态管理机制的基础上，允许学者、教授、科学家及领导干部到书院讲学，讲透、学透、悟透社会主义核心价值观，引导书院学员树立正确的世界观和人生观；深入研讨各类科学知识和技术，将成果运用于经济和社会建设。

书院文化研究

以白鹿洞书院为例谈书院诗联文化

胡迎建[①]

诗词楹联是书院文化的重要内容。翻开历代《白鹿洞书院志》，诗词楹联要占三分之一的篇幅。其他书院志也都如此，诗词楹联占有极多篇幅。在历代书院中开展诗教、提高学子的文化素养、陶冶人们的情操等方面，发挥了极其重要的无可替代的作用。

白鹿洞位于庐山南麓，是中唐士人李渤隐居读书的地方。唐末五代之际，白鹿洞成为学人士子荟萃之所，影响越来越广。至南唐时，白鹿洞被立为“庐山国学”，开启教育办学的历史。北宋太平兴国三年（978 年），朝廷将《九经》颁赐白鹿洞书院。咸平五年（1002 年），朝廷下令修缮白鹿洞，并塑孔子及其弟子之像于其中。辉煌的办学历史，以及朝廷褒奖的荣耀，使白鹿洞书院声名鹊起，与岳麓书院、嵩阳书院、睢阳书院并称为“四大书院”。白鹿洞书院在北宋后期逐渐荒废。

当我们游览白鹿洞书院时，总能想起宋代大儒朱熹。是他，在荒废百余年之后重新修复白鹿洞书院；是他，倾力支持书院建设，极大地推动了中国书院的发展；是他，制定了《白鹿洞书院学规》，成为全民所共同遵守的教育方针……

朱熹还为白鹿洞书院撰写了两副楹联，饱含着对白鹿洞书院的期许和

---

① 胡迎建：江西省文史研究馆馆员。

热爱。同时，这些楹联也成为后人敬仰的先贤遗迹，他们通过续作、书写、诵读这些楹联，来表达对朱熹以及白鹿洞书院的景仰之情。

朱熹为白鹿洞书院明伦堂撰写的楹联是：

鹿豕与游，物我相忘之地；
泉峰交映，智仁独得之天。

上联是写白鹿洞书院环境幽谧，有野鹿等动物悠然徜徉其间。学子在这样的环境里读书修身，真有物我相忘的境界。联中“鹿豕与游”典出《孟子·尽心上》：“孟子曰，舜之居深山之中，与木石居，与鹿豕游，其所以异于深山之野人者几希。及其闻一善言，见一善行，若决江河，沛然莫之能御也。”

下联是写白鹿洞书院山清水秀、景色宜人，是读书修身的好地方。“智仁”典出《论语·雍也》：“子曰：知者乐水，仁者乐山。知者动，仁者静。知者乐，仁者寿。”“智仁”二字与前面“泉峰”二字对应，恰好包含“智者乐水，仁者乐山”的涵义。白鹿洞书院位于庐山之麓，背靠五老峰，周边是后屏山、卓尔山、回流山等名胜，可谓有“峰”；前面又有贯道溪逶迤而来，可谓有“泉”。白鹿洞书院有泉有峰，兼有山水之美，智者仁者皆得其乐，故曰“智仁独得之天”。这副楹联由白鹿洞的“鹿”联想到《孟子》中舜与鹿豕游的典故，蕴含着鼓励学子们像舜一样从善如流、见贤思齐的意思，构思十分巧妙。

朱熹为白鹿洞书院藏书楼撰写的楹联是：

泉清堪洗砚；
山秀可藏书。

白鹿洞书院门前有一湾溪水潺潺而过，的确是“泉清”“山秀”的好地方。庐山不仅有雄奇秀丽的自然风光，还有人文荟萃的文化底蕴。就在白鹿洞的不远处，北有李白隐居九叠屏读书作诗的李白草堂，西有李常藏书万卷的李氏山房等。朱熹的这副楹联虽然只有短短的10个字，却精炼准确地概括出庐山秀丽山水与儒雅文化之间的相得益彰。这副楹联悬挂在藏书楼，既符合藏书楼珍藏图书的实用功能，又与书院附近秀丽的山水风光相辉映，情景融合，事理圆融，洵为难得的佳作。

朱熹的两副楹联既装饰了白鹿洞书院的建筑环境，又巧妙地传达了儒家教育的理念。后来，许多学者在为白鹿洞书院撰写的楹联中表达了对朱夫子的敬仰之情。如白鹿洞书院朱子祠悬挂的楹联是：

列嶂成垣，永护考亭之遗迹；

环溪作泮，遥通泗水之真源。

此联是明代高贲亨所撰。高贲亨，浙江临海人。正德九年（1514年）进士，曾任江西按察司佥事。在职期间，聘请饱学之士出任白鹿洞书院山长，择优选拔书院学子，制定《白鹿洞十戒》，并亲自为书院学子讲学。

这副楹联，其上联言白鹿洞书院四周有五老峰、后屏山、左翼山、卓尔山、回流山等青山环伺，犹如宫墙拱卫着朱熹兴复的白鹿洞书院。朱熹晚年时定居考亭（在今福建建阳），著书讲学，传道授业，后世便以考亭代称朱熹。所谓“考亭之遗迹”，除了朱熹兴复的白鹿洞书院之外，还有散布在贯道溪两侧的“枕流”“漱石”“钓台”“敕赐白鹿洞书院”等石刻，也是由朱熹题写的。下联写贯道溪由远处潺潺而来，流经书院前方，折而奔流出山，若环若带，其上游似乎遥接泗水，连通孔夫子讲学之所。在周代，设于王城的学校四周环水，形如璧环，称为辟雍；而设在诸侯国都的学校规模要小于辟雍，取辟雍的一半，形似半璧，故曰泮。后世便以泮宫代指学校。

也有当代人所撰联。如白鹿洞书院崇德祠悬挂的楹联：

祠尊紫阳，院纪白鹿；
道致广大，学尽精微。

此联出自著名哲学家冯友兰之手。上联点明白鹿洞书院历史上声名最著、贡献最大的两位先贤，以“紫阳”对“白鹿”，工稳妥帖。下联典出《中庸》：“故君子尊德性而道问学，致广大而尽精微，极高明而道中庸。”《宋元学案》也称赞朱熹：“致广大，尽精微，综罗百代矣！”此联属于当句对，又叫句中对，一联之中自成对偶，如“祠尊紫阳”与“院纪白鹿”是对偶，“道致广大”与“学尽精微”也是对偶。

再如文会堂两侧楹联曰：

白鹿洞开，泉谷烟霞竞秀；
紫阳道在，圣贤师友同归。

上联描写白鹿洞书院优美的环境，泉谷烟霞，争奇竞秀。书院大都建在环境幽雅的地方，既可以隔绝尘俗，收摄心神，潜心读书，又可以借山林的清幽来怡神养性、清心正气，使得书院教学的环境与书院注重修身养性的教育目的相配合；下联勉励学子遵从朱熹的教导，以格物致知的方法，在日常生活中发现普遍的规律，进而体悟天道至理，便可与圣贤师友同归于儒家的理想人格境界。

白鹿洞书院的楹联大多源自儒家经典，包含着儒家的宗旨理念和教育方法，具有厚重的文化底蕴和艺术感染力，是书院发挥其潜移默化的教育功能的重要方式。

今天，当我们游览白鹿洞书院的时候，追思古人的同时，不妨暂驻脚步，仔细品味这些闪烁着先贤智慧的楹联。当代由于现代教育方式之变化，书院不再是招收生徒读书之所在，而是成为文物保护的场所，然非消极之保护，尤不可闲置。这一场所仍有利用其价值、发挥其作用之必要。同样，作为古代书院文化的重要内容——诗词与楹联，在当代实有传承、创新发展之必要，不仅可以发挥诗联育人之作用，也有利于传播书院文化与影响。以下提出的五条建议，则不限于白鹿洞书院。

其一，悬挂联语要慎重，质量不高的应删改。书院由于悠久的历史过程中，失修或因动乱战导致有的楹联被损毁，当代不少书院得到维修，有的还增建了楼台亭阁，需要在门柱、亭柱上悬挂一些具有时代精神而又富有哲理、有教育意义的联语。然而我也看到有的书院却出现几副当代人所作的似通非通，甚至平仄不合的联语。这不是锦上添花，而是玷污斯文。这是地方的颜面，应严肃对待，要请内行把关；要对已有楹联进行甄别审改，并邀请真正有学识有诗词楹联功底的人来撰写新的楹联。

其二，历史悠久的知名书院可以增设诗词碑林，编撰古今诗集或选本，放在景点出售。要敦请诗词名家撰写，或通过征集或公开赛事方式。除从古代书院志中选取外，还要增加当今富有时代气息而又有文化内涵的作品。须知一时代有一时代之文学，人们既要从古代诗词中了解古代书院，也要从今人作品中了解书院在当代发生的变化。

其三，书院可以读书为题材，面向社会各界不定期举行诗词大赛。创作者需要了解书院历史文化，这有利于产生书院的向心力与热爱书院的情怀，从而扩大书院的影响。

其四，利用好书院场所，举行诗会、诗词研讨会，可采取联合举办的形式。以往有一些成功经验可以借鉴。1991 年至 1998 年白鹿洞书院每年秋季曾举行一次诗会、研讨会、讲习班，每期 40 人左右不等。“首届庐山白鹿诗会”在 1991 年 9 月上旬举行，共 50 人参加，会期 4 天。1992 年 10 月，书院与福建武荣诗社联合举办首届中华女子诗词创作研讨会，到会有来自 21 个省市的女诗家、词人与诗词爱好者近百人。数年未曾间断。由于书院的名气，又在庐山佳境，萃集全国不少地方的诗词家、诗词爱好者参加，但是内容并未局限于书院诗词，而是以如何提高创作水平、交流创作经验为主。这一活动直至 1998 年因人员调离才结束。对此，我感到惋惜，但不可因人废事，今后仍可采取这一形式，不仅在白鹿洞书院，在有条件的其他书院均可举行。

其五，举办诗词吟诵活动。古代一向重视诵读，如清代名臣黄爵滋有《诵诗闻国政》一诗云："三百诗篇古，毋忘诵读功。闻如徵国史，观本切民风。冬夏兼书教，声音与政通。都将言采采，并作奏逢逢。深远皋传鹤，劬劳野肃鸿。唐虞歌咏里，江汉溯洄中。洞烛模开鉴，和鸣律协筒。"这一传统在书院可以得到延续，可以面向学校，与学校联系，举办研学活动、诗词吟诵活动。目前，白鹿洞书院已有与学校联合举行诗词朗诵活动之意向。好在由于中央电视台举办诗词大会的成功，诗词在社会上得到普遍重视，在书院举行此类活动有极佳的环境。甚至可以推出有关办法进行鼓励，比如游客能背诵书院诗词若干首，即可免购门票进入书院参观。

诗说石鼓书院的千年风雅底色

刘　洁[①]

769 年 3 月，经历了安史之乱的杜甫乘一叶扁舟从烟波浩渺的洞庭湖驶入湘江，来到衡山县城。受县尹陆宰之请参观新办学堂，听着琅琅书声，杜甫不由感叹："衡山虽小邑，首唱恢大义。"30 年后，即 798 年，宰相李泌儿子李蘩（时任随州刺史）在其父隐居的南岳创立邺侯书院，藏书颇多，引得游历南岳的韩愈写下"邺侯家多书，架插三万轴"，这是衡阳的第一家书院。又过了 10 年，唐代元和年间（806—810），秀才李宽在石鼓山上开启了石鼓书院的千年传奇。

在漫长的中华历史长河中，探寻其文化发展脉络，书院文化毫无疑问是独树一帜的奇观，在中国古代的教育史、思想史、哲学史上都谱写了浓墨重彩的一笔。

据统计，唐代书院约 49 所，湖南 8 所，衡阳居 5 所。历史上衡阳书院最多时达到 110 余所，仅南岳就有 27 所。众多书院，犹如满天星辰，灿烂了衡阳的历史文化天空。

"天下之书院，楚为盛；楚之书院，衡为盛。"这是曾国藩对衡阳书院的赞美。

在衡阳众多的书院中，最具代表性、影响最大的自然是石鼓书院。历

---

① 刘洁：湖南省文史研究馆特约专家，湖南省衡阳市水利局高级工程师。

经唐、宋、元、明、清、民国，至今 1200 余年，是宋初四大书院之一，也是中国书院文化的典型代表。

石鼓书院里，神奇的石鼓，巍峨的合江亭，古朴的先贤祠，奥秘的神禹碑，峥嵘的建筑群，以及融风、月、水、石于一体的幽静而雅致的自然之美，激发历代文人们创作了大量优美诗词。今天，我们就从这众多的诗文墨迹中选取一二，探寻这座千年书院的精神底色。

一、诗说千年书院的开创精神

805 年秋天，时任衡州刺史的邹君迎来了大文豪韩愈。韩愈的到来，对于衡阳的文化界无疑是件大事，邹君欢喜异常，设宴于石鼓山上的合江亭，盛情款待。

何为合江亭呢？石鼓山地处蒸水与湘江交汇之处，放眼望去，石鼓山如一块碧玉般立于江心。再远处，耒水汇入湘江，形成一个非常宽阔的水面。787 年，衡州刺史齐映在此建筑了一座楼阁式建筑，取名合江亭。邹君在此接待大文豪韩愈，自然是觉得这个地方是衡阳最拿得出手的风景，为“一郡佳处”。

803 年韩愈担任监察御史，因刚正不阿，得罪权贵，804 年春被贬广东阳山县。805 年春获得赦免，回朝路过衡阳的韩愈，自然心情大好。站在三江汇合的石鼓山的合江亭上，面对宽阔江面，看着江水奔流不息，不由得胸怀开阔、心旷神怡、感慨万千，写下千古绝唱《合江亭》。

题合江亭寄刺史邹君

红亭枕湘江，蒸水会其左。瞰临眇空阔，绿净不可唾。
维昔经营初，邦君实王佐。翦林迁神祠，买地费家货。
梁栋宏可爱，结构丽匪过。伊人去轩腾，兹宇遂颓挫。
老郎来何暮，高唱久乃和。树兰盈九畹，栽竹逾万个。

长绠汲沧浪，幽蹊下坎坷。波涛夜俯听，云树朝对卧。
初如遗宦情，终乃最郡课。人生诚无几，事往悲岂奈。
萧条绵岁时，契阔继庸懦。胜事谁复论，丑声日已播。
中丞黜凶邪，天子闵穷饿。君侯至之初，闾里自相贺。
淹滞乐闲旷，勤苦劝慵惰。为余扫尘阶，命乐醉众座。
穷秋感平分，新月怜半破。愿书岩上石，勿使泥尘涴。

《合江亭》是一首排律，全诗一韵到底，气势雄浑，才力充沛，想象奇特，为石鼓山做了千年的广告。尤其是“瞰临眇空阔，绿净不可唾”成为后世人们广为传诵的名句，合江亭因此又被称为“绿净阁”。

就在韩愈作《合江亭》之后，秀才李宽受韩愈诗的感召，在石鼓山上创建了书院。1200多年以前的事，我们又是如何知道的呢？有诗为证，作者是时任衡州刺史吕温。吕温曾是朝廷重臣，因得罪宰相李吉甫而遭贬。来衡阳的时间是810年，作诗一首：

同恭夏日题寻真观李秀才书院

闭院开轩笑语阑，江山并入一壶宽。
微风但觉杉香满，烈日方知竹气寒。
披卷最宜生白室，吟诗好就步虚坛。
愿君此地攻文字，如炼仙家九转丹。

诗题点出时间、地点和人物，诗中则是描绘了闭门读书、学子们谈笑风生的书院景象。吕温还写了两首《合江亭》，说明石鼓山是吕温常来的地方。吕温中年不得志，心中抑郁，大概只有浩渺宽阔的湘江水才能稍稍安抚他的心情。

根据史料记载，吕温重视教育和人才培养，大力支持书院发展，一时间衡阳文教昌盛，石鼓书院开一州文化先声。遗憾的是811年8月吕温因病去世，年仅40岁。

10年后，刘禹锡为其整理出《唐故衡州刺史吕君集纪》遗稿200篇，共10卷，其中就有《题寻真观李秀才书院》和两首《合江亭》。感谢刘禹锡的整理和编著，更感谢有吕温这样的好官来过衡阳，重视文化，拜访书院，留下诗篇，以诗为证可以让千年之后的我们知道石鼓书院的确切始建时间。

石鼓书院建立的时间为806—810年，比白鹿洞书院早120多年；比睢阳书院（又称应天府书院）早199年，比岳麓书院也早160多年。

石鼓书院不仅是四大书院中创建时间最早的书院，而且开创了招收学生授课的先河，是中国最早具有教学功能的书院，具有开创精神。从此书院不再只是个人藏书、读书、做学问的地方，而是开创了一种新的民间教育机构。经过几百年的发展，最终促使中国古代教育事业进入到官学、私学、书院三足鼎立的新时代。

文化相对落后的“南蛮之地”衡阳，为何能成为古代书院先行者？

首先得益于唐代科举兴盛的大时代背景，给社会民间办学创造了条件。其次衡阳属重要交通枢纽，自汉以来就是湘南地区的绝对中心。且境内又有南岳，秀美山水、淳朴民风、便利交通，唐宋时期，被贬、被撤之后以及自己选择来衡阳隐居隐逸的文人士官非常多，其中不乏当时一流的学者、政治思想家和诗人。如杜甫、齐映、宇文炫、韩愈、柳宗元、吕温、邹君等名家都在石鼓留下过诗文墨迹。杜甫诗云：“更讨衡阳董炼师，南浮早鼓潇湘柁。”宇文炫在担当衡州刺史时还留下“西溪”“东岩”的摩崖石刻，现“西溪”仍在，“东岩”无存。这样使得石鼓书院，成为四大书院中唯一一个在唐代时就已相当著名的书院。

二、探索千年书院的求新精神

继李宽之后，唐末到五代，由于战乱，书院被毁。直到100多年后的

997 年，李宽的后人李士真才再次在前人书院的旧址上重建书院。这次重建，扩大了建筑规模，形成了学宫式的建筑布局，并以“石鼓书院”命名。从此，“院以山名，山因院盛”，风景秀美的石鼓山为儒家士大夫学子们的绝佳读书做学问和讨论的场所，而书院又使得石鼓山更加熠熠生辉。

明万历《石鼓书院志卷上部·书院沿革》记载：“景祐间，集贤校理刘沆以书院上请，始赐额并学田，与睢阳、岳麓、白鹿并称为四大书院。”宋仁宗不仅赐了匾额还赐了学田，这样石鼓书院在地位和经济上都得到了保障。

宋代以文治国，强化科举取士。但宋初久乱初平，只有 5%左右的州县设置官学，远远不能满足读书人需求。此时书院替代了官学的角色，并强化了教育功能。宋代皇帝表彰了几所典型代表书院作为天下榜样，就有了宋初四大书院，石鼓书院名列其中。宋仁宗赐额之时，衡阳城里最明亮的少年是周敦颐。周敦颐 5 岁时父亲去世，7 岁随母亲来到衡阳外公郑灿家。郑家是衡阳的名门望族，出了郑家门不过几百步就到了石鼓书院。周敦颐在衡阳 12 年，正是一个人走向成熟的 12 年。而这时的石鼓书院又正是皇帝赐额的蓬勃发展期，少年的周敦颐在闻名天下的石鼓书院读书甚至授课都是有可能的。明李安仁曰：“濂溪周公敦颐，古今称为绝学，其有声于石鼓，当不下唐宋诸儒。”

受石鼓书院文化熏陶过的周敦颐 19 岁离开衡阳，开始了他的官场沉浮。周敦颐及其弟子所开创的“理学”对中国文化作出了重大贡献，而书院作为“理学”研究、辩论、传播的最有力的场所而得到大力发展。

1187 年，朱熹作《石鼓书院记》，是石鼓书院历史上又一重大事件。文中对书院办学的指导思想、教育重点、教学内容和方法都作了具体阐述。这些主张很快成为后来中国书院的办学宗旨和教学原则，不仅为当时全国各书院效法，而且影响到元、明、清之后的书院，对中国古代书院的教育和发展产生了极为深远的影响。

文曰：“而为政者，乃成就而褒表之：若此山、若岳麓、若白鹿洞之类是也。”因此有“天下三书院”之说。南宋时期，天下五岳独留南岳，这也是石鼓书院格外重要的原因之一。朝廷赐匾是顶级官方认证，朱子《石鼓书院记》是学术权威站台，两件大事使得石鼓书院名扬天下。

朱熹的好友张栻则是石鼓书院历史上另外一位非常重要的人物。张栻原是四川绵竹人，父亲张浚曾是南宋宰相，著名主战派领袖。受排挤后贬到湖南永州，后居长沙。张栻在湖南长大，亲受父亲教导。1161 年，29 岁的张栻来南岳文定书院拜胡宏为师。胡宏与父亲胡安国开创了在全国影响巨大的“湖湘学派”。胡宏见到张栻，由衷感慨：“圣门有人，吾道幸矣!”同年胡宏去世。张栻深得胡宏真传，成为湖湘学派集大成者，与闽学派的朱熹、婺学派的吕祖谦齐名，时称“东南三贤”。张栻多次来石鼓书院讲学，使得石鼓书院成为湖湘学派创立及传播的重要阵地。张栻为石鼓书院作有《武侯祠记》《风雩亭赋》以及《诸葛武侯画像赞》。

诸葛武侯画像赞

惟忠武侯，识其大者。仗义履正，卓然不舍。
方卧南阳，若将终身。三顾而起，时哉屈伸。
难平者事，不昧者几。大纲既得，万目乃随。
我奉天讨，不震不竦。维其一心，而以时动。
噫侯此心，万世不泯。遗像有严，瞻者起敬。

明《一统志》中记载：“诸葛亮故宅在石鼓山，相传亮督饷临蒸曾居此，今为武侯祠。”赤壁之战后，刘备南征收复湖南四郡，派诸葛亮亲自领兵南征。诸葛亮是最早来到石鼓山的有名可查的先贤，无疑为石鼓山增添了不少亮丽的色彩。

诸葛亮是千年来文人士子们公认的真正的儒家，其“忠”“义”思想和精神，正是汉民族精神的重要体现。张栻在《诸葛武侯画像赞》中认为诸葛亮最大的精神就是“忠”“正”“义”。什么是张栻心中的“忠”“正”

“义”呢？张栻另在《武侯祠记》中写道：“不以强弱利害二其心，盖凛凛乎三代之佐也。”不以强弱做选择，为了义，可以放弃强而选择弱，可以放弃利而选择害，这是诸葛亮对刘汉的忠心。诸葛亮最终鞠躬尽瘁，死而后已，这是“不二其心”，是“凛凛乎三代之佐也”。张栻认为诸葛亮可以与夏商周三代的名相相比。张栻对“忠”“义”“正”的理解，正是湖湘学派所提倡的：匡扶正义、敢为天下先、以天下之任为己任的精神。作为湖湘学派的集大成者张栻，相比其他学派学者，更强调血性担当和经世致用，也更加注重社会责任。张栻为书院奠定教学宗旨：书院不仅是为了科举利禄和雕琢文辞，更是要培养真正的人才，以传道济民。

1167 年，张栻与朱熹在岳麓书院相会主讲两个月，前来听讲者络绎不绝，四方学子汇聚一堂，被后世称为“朱张会讲”。由此开创了不同派别之间进行学术对话的先河，也夯实了湖湘文化“不囿门户”“兼容并蓄”的精神基因。石鼓书院深受影响，从此不仅是授业也是传道的场所。

到此，对石鼓书院作出过卓越贡献的石鼓七贤几乎都讲到了，他们是：石鼓书院创办者李宽；留下名垂千古《合江亭》的韩愈；重修石鼓书院的李士真；宋代理学创立者周敦颐；作《石鼓书院记》的朱熹；“湖湘学派”代表人物张栻；还有一位是朱熹女婿和学术继承人——黄榦，曾为石鼓书院购置 300 余亩学田。石鼓七贤一直被石鼓书院供奉和祭祀，2006 年重建石鼓书院时，在石鼓书院广场建有七位先贤雕像。

到了明代，衡阳书院又迎来了一个鼎盛时期，而石鼓书院也再次成为全国性的学术交流中心，“王湛之学”的研究、交流和传播平台。儒学在宋时兴起“理学”，明代“心学”的崛起是儒学的又一次革命。王阳明和湛若水是明代中晚期心学“阳明学派”和“甘泉学派”的两位代表人物，后人称之为“王湛之学”。难得的是，两人虽然在学术上有论辩，却是终身挚友。

湛若水一生创办书院 40 多处，文化影响巨大。这是个非常有趣的学者，喜欢辩论，又很长寿。1544 年，91 岁的湛若水来到石鼓书院，“舟泊石鼓，题诗讲堂壁间”：

石鼓书院讲堂题壁

衡云烂睡六十日，江南痛饮蒸湘头。

含情吊古无言说，石鼓无声江自流。

感叹南岳秀美风光，湛若水在南岳建甘泉书院，后又建白沙书院以纪念他的老师陈献章。湛若水先后五次来石鼓书院讲学，湖湘学子多慕名而至，极大地推动了心学对理学的变革。

石鼓书院作为当时全国的学术中心，不但湛若水对其青睐有加，王阳明的弟子们也对其非常重视。如王阳明的高足邹守益，号东廓，于嘉靖年间初莅石鼓书院。看到石壁所镌韩愈《合江亭》，他欣然步其韵作《步石鼓书院壁间文公韵》：“后来予韩子，古调亦寡和。”“南渡得朱张，绝学最上课。”不仅抒发了其慕名而来的初衷，也表达了对朱熹和张栻与石鼓书院讲经论道的高度敬仰之情。随后他决定留下讲学，并对诸生所问一一剖析，整理成《语石鼓诸生二十五篇》，就识性、求实、时习、笃行、辨志、慎独、戒惧、格物致知等作了精辟的阐述，成为石鼓诸生向学的至理名言。明朝的石鼓书院，众多一流学术大师交相辉映、名亘天下。

石鼓书院另一特点是地方官员的高度重视，并亲自担任石鼓书院的老师。如明朝衡州知府蔡汝楠，在衡任职 4 年间，不仅亲自为石鼓书院订立条约，建立奖罚制度，而且每月初一、十五必登台讲学。1552 年 8 月，石鼓学子们赴省城参加 3 年一次的乡试，6 人同时中举，时称“朱陵六凤”。蔡汝楠闻讯，心花怒放，欣然题诗：

紫微秋晓五云开，衡郡联翩六子来。

听讲旧筵希鼓瑟，迎宾新燕共登台。

文星早见朱陵聚，桂树何年赤帝栽。

三楚古来闻国士，绛纱帷下更多才。

值得一提的是，这里“六凤”中的王大韶后来官至御史。他学识渊博，博古通今，曾主讲石鼓书院，参与编纂首部《石鼓书院志》，为后世留下了极为珍贵的书院史料。

石鼓书院见证了儒家千年来的发展历程。自宋代以来的儒家各大思想流派都曾来到过石鼓书院交流碰撞，如宋代的戴溪、程洵；元代的黄勉斋、程敬直；明代的叶丰川、湛若水、邹守益、茅坤、蔡汝南等；清代的吴时来，旷敏本、余廷灿、张学尹等，都相继来这里或登台传经或主持书院。由此石鼓书院成为远至京师近至衡永郴桂士子们向往和云集的学府，成为湖湘地区引人瞩目的儒学传播基地，并进一步发展成为自由讲学、互相讨论、质疑辩难、求同存异、开放兼容的“讲学式”教育新模式。这种新的教育模式就是书院精神中的质疑、问难、辩论之精神，所谓“自由之精神、独立之思考”。

曾经生活在这片楚地的屈子说：“路漫漫其修远兮，吾将上下而求索。”千年的石鼓书院之路就是在不断求索中创新，既是传统文化变革的重地，又是开放性的学术研究中心，也是教育革新的基地。这种求新精神为儒家思想的发展注入了强大的生命力，对湖湘文化的演变和发展作出了突出贡献，对后世学术演变产生了重大影响。

三、石鼓书院诗词中的民族精神

儒家教育“兴于诗、立于礼、成于乐”。古代书院除教学、藏书外，另一重要功能是祭祀，祭祀先师先贤，传承学问精神。石鼓书院曾先后建有许多祭祀建筑，如武侯祠、先师燕居堂、先贤祠、二守祠、大成殿、韩张祠（亦称二先生祠）、三先生祠、四贤祠、七贤祠（含前七贤祠和后七贤祠）、李忠节公祠、陈公祠等，祀享的先贤灿若星河。学子们在一层一层的祭祀空间里肃然起敬，培养恭敬之心，传承着文化的血脉与民族精神。

书院与现在的大学所不同的是其社会性，除了教育诸学子之外，同时也承担教化社会民众的作用。在书院中祭祀的也有这座城市人民所需要共同纪念的先贤，需要共同传承的精神。

2006年重修石鼓书院时，在武侯祠的右边并排建造的是祭祀南宋抗元名臣李芾的李忠节公祠。李芾出生于衡阳，生性聪颖，从小立有报国大志。1275年元军围攻潭州（长沙），作为谭州知府的李芾率领军民苦守数月，无奈寡不敌众，城中弹尽粮绝。宋史中描述："死伤相藉，人犹饮血乘城殊死战。"除夕城破，李芾亲书"尽忠"作为号令，并招来部下沈忠，对他说："吾力竭，分当死，吾家人亦不可辱于俘，汝尽杀之，而后杀我。"沈忠伏地叩头痛哭，喋血满地，说万万不可。李芾毅然决绝命令执行，沈忠只好哭着答应。李芾命家人取酒过来，让全家19口人都喝醉，然后命令沈忠一一杀死，并放火烧毁李芾官衙熊湘阁，成全了李芾"我以家许国矣"的天地承诺。

沈忠杀了李芾全家后，回家杀了自己妻子和两个儿子，又返回到熊湘阁自杀身亡。李芾的许多幕僚也都举家自尽。长沙城里许多百姓都效仿而行，演出了极悲壮的一幕。元军之后的南下战斗中，再未遇到如此激烈的抵抗。值得一提的是，岳麓书院数百学子在山长尹谷的带领下，入城与元军殊死搏斗，几乎全部慷慨就义。学子们不能像武将奋勇杀敌，但文人的精气神，是一个国家脊梁。正是有这种光辉的延续，才保存了中国的民族文化和精神。

李芾抗元虽以失败告终，但其精神和气节唤醒湖南人的血性，激励一代又一代湖湘子弟用生命捍卫信仰、用大无畏的牺牲精神救国家民族于危难之际。李芾死后，南宋朝廷赠李芾端明殿大学士，谥号"忠节"。

南宋著名诗人画家郑思肖曾作诗追念：

咏制置李公芾

举家自杀尽忠臣，仰面青天哭断云。

听得北人歌里唱，潭州城是铁州城！

李忠节公祠楹联为清朝中兴名臣彭玉麟所题：

义烈炳潭州，千秋英名垂竹帛；

崇祠仍故宅，一龛清供有梅花。

武侯祠的楹联则是清代衡阳知县范鹤年的撰联：

心远地自偏，问草庐是耶非耶，此处想见当日；

江流石不转，睹秋水来者去者，伊人宛在中央。

江山是主人是客，唯有精神永长存。这大概也是书院祭祀所具有的人格教育与传统教育的功能所在。感知先贤先儒的人格魅力，感生成圣成贤之志。300 多年后，当明朝灭亡时，1655 年，天地大儒王船山先生也在石鼓山上留下了数首词。

摸鱼儿·石鼓江山

瞰蒸湘，曲影双清。流下洞庭秋远。危崖突兀玉峰寒，界破苍流一线。谁许见，只鲛宫金绳，夜拥鱼龙怨。画船歌扇。对笑水江花，窥楼晕月，惹尽流霞片。

行乐地，记取韶光迅转，画栏彩笔题遍。云杳潇湘千顷碧，瞥眼武陵溪畔。君莫羡，君不见，渔阳挝断霓裳宴。沧桑已变。想眉黛娇青，眼波凝绿，不是旧时面。

船山先生在词中寄托了孤臣遗老对明朝亡国的无限哀思，有悲愤、惋惜和痛心。他把反清复明的志向寓于山水的轻描淡写之中。他的词美得是那么沉痛、那么伤心。留下来的船山先生的词比诗多，也许正是这种词曲的活泼跳跃、长短不拘、起伏不定，正好表达了一代伟人、一个大思想家的心律。后世学者评价船山先生的诗词是“真屈子《离骚》之嗣响也”“字字楚骚心”。品读这些诗词，有助于重塑中华民族精神。

四、石鼓书院山水诗中的自然超脱精神

中国的传统文人，将内心情感寄托于山水之间，与自然共鸣，为心灵寻找一片宁静所在，让自己在自然中超脱。

衡阳有八景，石鼓书院所在地就占了三景：石鼓江山锦绣华，朱陵洞内诗千首，青草桥头酒百家。《中国名胜词典》曰：“石鼓山峻峭耸拔，风景宜人，有‘湖南第一胜地’之称。”如此得天独厚风景，历代文人们留下大量具有自然超脱精神的山水诗词。

中国山水诗的源头，一般认为是谢灵运。但著名历史学家范文澜认为山水诗的鼻祖是东晋初年的庾阐，比谢灵运还要早几十年。庾阐生活的东晋政治腐败、国情纷乱，文人们多从山水中寻求抚慰和解脱。石鼓山很有幸，339 年，庾阐来到了石鼓山，并留下了他的诗作。

观石鼓

命驾观奇逸，径骛造灵山。朝济清溪岸，夕憩五龙泉。

鸣石含潜响，雷骇震九天。妙化非不有，莫知神自然。

翔霄拂翠岭，绿涧漱岩间。手澡春泉洁，目玩阳葩鲜。

诗中描述了庾阐奔赴石鼓山的迫切心情，和感受自然之美的豁然开朗的愉悦。人在自然中所得到的和谐超脱精神，是中国人与自然的关系，也

就是天人合一。

1173 年，南宋著名诗人范成大也到了石鼓，感叹石鼓的独特风貌，也写了数首诗文。

衡州石鼓书院

古磴浮沧渚，新黉锁碧萝。

要津山独立，巨壑水同波。

俎豆弥天肃，衣冠盛事多。

地灵钟杰俊，宁但拾儒科。

山水诗到南宋时期已经非常成熟了。从这首诗来看，颔联和颈联对仗非常工整，写出石鼓的山势之险、波声之大、武侯祠的规制之高和吊唁的人之多。有山水之美，也有人文之盛。范成大的兄长在衡阳做官时在石鼓书院中修建了武侯祠。这里以祭祀的借代方法，表明武侯祠的肃穆。前面两句描述山水之美，后面两句表扬石鼓书院人杰地灵，青年才俊很多，并对学子们提出殷切的希望。

范成大将其在石鼓书院的见闻记入《揽辔录》中，因文笔太美，后人将其摘出以《石鼓山记》为名，曰："天下有书院四：徂徕、金山、岳麓、石鼓。"历史上首次明确提出"天下四大书院"之说。

到了明末清初的王船山，除了写下《石鼓江山》以外，还写了《朱陵仙洞》。朱陵仙洞位于石鼓山东侧。相传唐天宝年间，道士董奉先曾在洞内修炼成仙而得名。且说此洞与南岳的水帘洞相连，南岳的仙人道士可以借这两个洞往返于衡阳和南岳之间，被称"朱陵后洞"。朱陵洞最大的特点就是洞的内壁上曾留下了大量历史名人的诗作，被称为"朱陵洞内诗千首"。

摸鱼儿·朱陵仙洞

向苍崖，笛声吹裂，斜阳一片危岸。江流北泻雁南征，洞里春光无算。是灿烂，都应是云中，剑舞珠光按。花蹊棋馆。留满地苍苔，数峰烟树，掷与人间看。

仙户启，石乳倒垂银蒜，空山翠杳天半。百花桥阻玉壶远，谁倩鸳鸯低唤。君莫欢，君不见，彤云故锁三山断。罡风吹散。想华表鹤归，天台人返，怕见人民换。

船山先生是个执着的人，他执着的是“六经责我开生面”的担当。《朱陵仙洞》这首词既有自然超脱精神，又有对国家对人民命运的深深担忧和关切。船山先生晚年把“石鼓危崖”列为“潇湘十景”之一，足以体现他对石鼓书院的希望和寄托。也正是因为有船山先生这样的湖湘文化的高峰，从湖湘大地上走出了一代代优秀儿女。

清“同治中兴”名臣“曾、左、彭、胡”中的前三位均在石鼓山上留下文墨。曾国藩题书“浩然台”。

左宗棠为石鼓书院题联：

学贯九流，汇此地人文法海；
秀冠三湘，看群贤事业名山。

彭玉麟就读石鼓书院，多年后，他为洪江市衡阳会馆题联：

回首望衡阳，最难忘石鼓书声，雁峰鸿影；
羁身在沅水，一样是春风人面，逆旅乡情。

石鼓书院中的琅琅读书声是彭玉麟对故乡最深情的记忆。青年艰难求学经历，老年眷念故土情怀，使其晚年在东洲岛上建造船山书院，弘扬船山文化，并力邀一代儒宗王闿运为山长。

1891 年 2 月，王闿运来到船山书院，撰联云：

海疆归日启文场，须知回雁传经，南岳万年扶正统；

石鼓宗风承宋派，更与重华敷衽，成均九奏协箫韶。

船山书院承接石鼓学风，王闿运由此执掌船山书院25年，传承船山思想，精心培养湖湘弟子，使其成为全国船山学术研究和传播的中心。

石鼓书院经历千年不衰，在中国书院史、教育史、文化史上都享有崇高的地位。宋朝是理学研究重地；明朝是心学研究中心；清朝又成为王船山“实学”的传承基地。自宋以来儒学的三大阶段性创新都有参与，扮演了举足轻重的角色，成为人文的源流之一。石鼓书院作为培养和造就湖湘文化人才的基地，形成了一种强大的精神力量和深厚的文化内涵，直接参与和影响了湖湘文化的发展和湖南近千年的历史。

深入挖掘封龙书院历史文化
探索传统文化社会时代价值

戴建兵[1]

封龙山是河北教育名山，封龙书院是北方著名书院。北宋名相李昉曾在封龙山收徒讲学，开河北书院教育之先河。元代著名数学家李冶重振封龙书院，把封龙书院办成了北方著名综合性书院，直至明代，封龙书院依然是长江以北历史上最早的书院。充分深入地挖掘封龙山各个层面的历史文化，在弘扬中华优秀传统文化的今天，有着极为深远的现实意义。

一、封龙山上的古迹名胜

封龙山古迹极多，是一座文化宝库。民国年间，山上还有试剑石、洗笔池、藏龙洞、老君堂等名胜，民国初年该山归获鹿、元氏、井陉三县共辖。元氏县将山上白石神君碑、三公碑、无极山碑、祈雨碑、封龙山碑这些汉魏之物，全部收藏在元氏县学学堂内。当时封龙山极高处有文清书院，为唐宰相郭元振读书处。

---

① 戴建兵：河北师范大学历史文化学院教授、博士生导师。

二、安熙与封龙书院

元代著名数学家李冶、思想家安熙、杂剧作家白朴等人长期讲学于封龙书院，张德辉、元好问、李冶更是常在山中交游。“学徒数千人，朝暮讲诵不辍”，“四面负笈来学者，如坐春风中。”① 李冶后安熙主持封龙书院，“其教人以敬为本，以经术为先，弟子去来，常至百人”②。安熙（1269—1311），生于元世祖至元六年，卒于武宗至大四年，字敬仲，号默庵，藁城人。③ 少慕大儒刘因之名，欲从之游。因殁，不果，乃从刘因门人乌冲问其绪说，尊信力行。家居教授，垂数十年；四方来学者，多有成就。“教授于家，严条要以身先之。弟子从者多至百人，动作悉有规矩。”他一生致力讲学，精研理学。不屑仕进，家居教授数十年。在其主持封龙书院期间，书院规模空前，元代著名学者苏天爵即是其门下弟子。他除在封龙书院讲学外，后还在滋溪书堂讲学。滋阳书堂又名滋阳书院、滋溪书院，位于新乐县西南古新市（新城铺），元至顺二年（1331 年）创办。为苏天爵幼时读书之所，前身是苏天爵祖上所传下来的“滋溪书堂”，④ 元代后期学者安熙、虞集均在此讲学。

元代封龙书院因李冶讲学而名噪一时，后继者儒学大师安熙主持封龙书院，更是盛况空前，“弟子去来，常至百人”，“四方来者，多所成就”。曲家白朴、李文蔚，名士王仲常等人都曾随学于封龙书院山中。元朝的重要开创者史天泽的儿子史杠、史杞，官至廉访使的荆幼纪，集贤学士焦养直，廉访佥事张翼，翰林修撰承直郎王德渊，宣抚崔莱等名人也都曾就学

---

① 李林奎等编纂：《中国方志丛书 • 元氏县志（一）》1931 年铅印本（影印本），台湾成文出版社 1976 年版，第 102 页。

② ［清］柯劭忞：《新元史 • 安熙传》卷二百三十五，开明书局，第 450 页。

③ ［清］孙奇逢：《理学宗传》卷十九儒考，康熙六年刻本。

④ ［元］苏天爵：《国朝文类》卷三十一宋本滋溪书堂记，滋溪文稿附录二，丛书集成续编本。

于此。封龙书院遂“学徒益众”，常常“聚徒数千人，朝暮讲诵不辍”，“四方负笈来学者，如坐春风”。封龙山一景即“书院春风”。

安熙家学深厚，安熙的祖父安滔、父亲安松（恕斋先生）皆以学识品行闻名乡里，其家“金亡徙山东，爱真定风土，家焉。岁戊戌试中选，占儒籍”。“幼颖悟绝人，在襁褓间，已诵孝经。五六岁时侍恕斋膝下。随目所瞩，恕斋出以诗句皆应，既殁，乡人为立祠于藁城之西莞镇。”他 10 岁的时候就“终日俨然端坐一室，博考经籍，昼诵夜思，至忘寝食，悉通其大旨。成童慨然有志于求道”。其父安滔曾为真定儒学正。“先生少学于家庭，尊闻行知，声问伟然。”“其北归也，惟书籍衣衾而已。教授于家，严条要，以身先之，弟子从者多至百人，动作悉有规矩。讲解明白，不为缴绕章句学。尤善为诗，温厚和平，得诗之意。暇则与翰林王公唱酬，有诗若干篇。晚岁充养完粹，毁誉欢戚无少介意，不复仕、终其身。”①

安熙于家学之外，广求名师。“祖皆以学行淑其乡，熙既承其家学，又闻保定刘因之学，心向慕之，方将至其门而因已殁，乃从因门人乌叔备问学。”“会刘公卒，往拜其墓，录其遗书而还。又闻南方礼乐斯文所遗，老师宿儒尚有存者，盍往观焉。行及中途，以疾止。”他写信给乌冲：“某欲见先生之心无须臾忘，先生欲教之意亦甚厚，岂意天丧斯文。先生没矣，而今而后惟当问学亲贤取友，勉力孳孳，死而后已，庶可不负先生私淑之教，朋友期望之心，及某勉力大业之初志也。”② 其学以朱学为宗，教人必尊朱熹。“治学简静和易，务为下学之功。”其《告先文》有曰：“追忆旧闻，卒究前业，洒扫应对，谨行信言。余力学文，究理尽性，循循有序，发轫圣途，以存诸心，以行诸己，以及于物，以化于乡。”去世后学生苏天爵辑其遗文，虞集序之曰：“使熙得见刘氏，廓之以高明，厉之以奋发，则刘氏之学当益昌大于时矣。”③

---

① ［元］苏天爵：《滋溪文稿》卷第十四，安先生墓志铭，丛书集成续编本。

② ［元］苏天爵：《滋溪文稿》卷第二十二，默庵先生安君行状，丛书集成续编本。

③ ［元］赵汸：《东山存稿》卷五，书赵郡苏公所藏经史遗事后。

安熙是敢于批评求理的学者。“国初有传朱子《四书集注》至北方者，滹南王公雅以辩博自负，为说非之。赵郡陈公独喜其说，增多至若干言。及来为真定廉访使，出其书以示人。先生惧焉，为书以辩之……其后陈公果深悔而焚其书，然后学者始服先生谈经之精，识见之卓，而于朱子之学为有功。”①

他积极实践儒学，“古礼废久矣，恕斋之迁居也，先生实左右之。首建祠堂以奉四世神主，冠昏丧祭一遵文公礼书，本之以爱敬，明讲而熟习，合宜而应节，乡人观感而化者居多”。这是个有教育思想的学者。“先生之教人也，师道卓然，科条纤悉，皆有法度。入学以居敬为本，读书以经术为先，其讲说也毫分缕析，融会贯通，俾学者如亲闻圣贤之言，心开目明，释然无疑。是时弟子去来者常至百人，出入周旋，咸有规矩，望之知其为安氏弟子。其间各以所学分教佗邦、仕为名乡才大夫者，不可胜纪。凡当世名公巨儒经过宦游于真定者，请问无虚日，先生各随所问而告之，莫不虚往实归。苟有馈遗而义不可受者，辙谢却之。”②

先生早岁豪迈，中年涵养完粹，气和色温，事亲至孝，与弟煦极友爱，一家父子兄弟自为师友。至大四年（1311 年）五月十五日以疾卒，享年 42 岁。六日后葬藁城县安仁乡新里先茔。真定之士咸哀惜之。

安熙“其学一以圣贤为师，尤深于六经、语、孟，尝病近世治春秋者第知读左氏，不考正经，因节左氏传文议论叙事始末，依仿通鉴纲目，作小字分注经文之下，以类相从，凡左氏浮夸乖戾之语悉去之，秦、汉以来大儒先生之言及诸家之说可取者附注其后，庶观春秋者以考传，读左氏者亦知有经。其大旨一以程、朱为本，以求圣人之意绝笔于庄公之十二年。为文章以理为主，皆有为而作。诗学渊明、晦翁，第以吟咏性情、陶写造化而已。有《默庵文集》十卷，其《佗诗传精要》《续皇极经世书》《四书

① ［元］苏天爵：《滋溪文稿》卷第二十二，默庵先生安君行状，丛书集成续编本。

② ［元］苏天爵：《滋溪文稿》卷第二十二，默庵先生安君行状，丛书集成续编本。

精要考异》《丁亥诗注》，以未脱稿藏于家”①。

至治壬戌（1322 年）仲冬甲午，安熙的老父亲恕斋先生去世，享年 95 岁。此时他的两个儿子安熙、安煦都已去世。先生讳松，字庭干，太原离石人。金亡，迁真定。

安熙真正的老师乌冲，竟然是蒙古人。乌冲对安熙影响极大。“真定安君熙通经学古，数欲谒见谒刘公，不果，君尽以所闻告之，安君由是深有发焉。”② 元初科举尚未恢复，他“迫于亲命，俾习律令，夜则读书，或达旦不寝”。他曾和安熙讲说六经之旨，伊、洛诸儒之训，莫不究其精微，一时朋友“皆自谓弗及也”。有过为官经历，但“数月辞归。盖先生持身廉正，不乐随俗俯仰，以故退休于家”③。当然，元中后期最有代表性的学者通儒自然是苏天爵了，他是安熙的学生。

三、安熙留下的封龙山遗产

首先，他恢复了书院，更恢复了敬孔子的释菜之礼。“规模未云远，芜秽馀岿陬。圣像空复存，荒凉几经秋。”这是元大德十年（1306 年）的事情。有《封龙书院释菜先圣文》为记：“维大德十年，岁次丙午，秋七月己巳朔，越翼日庚午，后学安某敢昭告于先圣至圣文宣王。某至愚极陋，总角趋庭，私淑诸人，实始闻道。自兹厥后，钦诵遗编，近本程朱，上窥思孟，以求经旨，以探圣心，庶竭驽顽，进德修业，孰云不力？中道而迷，悲叹穷庐，摧颓已甚。虽由病废，实亦惰偷，内自省循，枯落是惧。兹焉感愤，避俗严居，追忆旧闻，卒究前业。洒扫应对，谨行信言，余力学文，穷理尽性，循循有序，发轫圣途。以存诸心，以行诸己，以及于物，以化于乡。或冀有成，不悖于道。兹涓吉日，载见祠庭。旨酒苹

① ［元］苏天爵：《滋溪文稿》卷第二十二，默庵先生安君行状，丛书集成续编本。

② ［元］苏天爵：《滋溪文稿》卷第十四，故处士赠秘书监秘书郎乌君墓碑铭，丛书集成续编本。

③ ［元］苏天爵：《滋溪文稿》卷第十四，焦先生墓表，丛书集成续编本。

蘩，式陈明荐。尚蕲启迪，实诱其衷。庶假威灵，不至大戾。谨率诸生恭修释菜之礼，用伸虔告，尚飨。”

其次，他将此事事先在李冶祠进行了宣告：“已明承绪，已成大礼”，以体现对李冶的敬仰。《释菜告李学士祠文》中说：“晚生安某谨致告于故翰林学士敬斋先生李公之祠，兹以吉日，恭修释菜之礼于先圣。惟公中朝耆旧，乡郡硕儒，博学高文，为世所仰。载瞻遗像，荐此豆觞。公如有灵，尚克歆享。谨告。”

再次，以组诗“封龙十咏”让今人可睹先时封龙，以山景言情言志。“会有赏心人，相期拾瑶草。”

其一　龙耳峰

奇峰千仞高，突兀倚天表。神龙几何年，俛首效苍峭。
我行费跻攀，坐睨寒木杪。放怀聊极目，已觉尘寰小。
尚恨世累拘，未许谢纷扰。会有赏心人，相期拾瑶草。

其二　白云洞

峨峨两峰间，崔嵬耸双阙。中有仙人洞，恍若仇池穴。
朝开白云生，暮掩白云灭。朝昏有奇变，宛与人世隔。
我来搴绿萝，深寻得幽绝。平生栖遁志，兹焉益超越。
未成长往计，复愧固穷节。永怀静修铭，凄其仰前哲。
会当结茅屋，来此寄疏拙。沈思毕旧闻，长歌抱明月。
白云应更深，老眼益清彻。未敢献吾君，聊尔自怡悦。

其三　修真道馆

龙山古灵境，连峰郁苍苍。林谷四环合，修真据其阳。
怪石通流泉，洞府馀清凉。杰阁耸奇观，烟霏恣微茫。
眷予平生心，丘壑真膏肓。今朝定何朝？遂惬栖云房。
晴岚染衣襟，顿觉尘虑忘。矧尔羸疾拘，快若脱絷缰。
月高风露清，空明渺银潢。蓬莱信非远，何处求仙乡？

其四　吟台

步上吟台荒，极目但平楚。四顾渺无人，持杯欲谁语。
心期友招隐，自笑非梁父。抱膝一长歌，商声振林莽。

其五　中溪书院

炎氛绝高岑，悲风振林丘。吟台一以眺，动我怀古愁。
李公英妙年，于焉此藏修。坐令山中民，莘莘洙泗俦。
规模未云远，芜没馀嵓陬。圣像空复存，荒凉几经秋。
不遇敬斋翁，遗迹谁能求。亦赖明主恩，遂兹圣泽流。
今皇复神圣，丕承拟西周。弦歌独不嗣，嵓壑知应羞。
怀贤既伊郁，抚事增绸缪。悠然发孤咏，远思浩难收。

其六　西溪书院废址

世道有升降，乾坤几清磨。谁知昔年中，师生此弦歌。
我来爱佳名，杖策时经过。深寻得遗经，山经信非讹。
龙首东昂藏，玉石西嵯峨。高寒枕天井，俯瞰无金科。
清泉下深池，悬崖据阳坡。浮野众麓奇，夹岸桑麻多。
对此奇绝境，令人忆沧波。誓将尘土踪，兹焉老渔蓑。
安得白鹿翁，乐育如菁莪。古人不可作，叹息将如何。

其七　蒙泉

作圣有奇功，谁知在蒙养。宣尼赞周经，妙旨存彖象。
千年紫阳翁，人文再宣朗。工夫益精密，为我重指掌。
迂愚抑何幸，久矣绝群想。果行复育德，服膺未云爽。
兹焉得佳名，悠然惬幽赏。时至一濯缨，无言道心长。

其八　李相读书龛

嵓壑有奇胜，缥缈馀风烟。石室谁所留，尚倚苍崖巅。
慨想龛中人，于今几何年。遗迹虽未泯，山深月空悬。
伊予陋庸姿，复苦尘务牵。此道难坐进，低头愧前贤。
尚幸忝私淑，静修有薪传。终当谢浮世，于兹订遗编。

其九　熊耳峰

穷探不惮远，行登最高峰。顿觉天宇近，一洗群峰空。

奇哉此绝境，造化天无功。神襟一以旷，写我浩荡胸。

远意殊未极，更思脱樊笼。何当著神鞭，驾此慵飞龙。

翩翩上箕尾，再见开鸿蒙。长啸暮云合，轻衣振天风。

其十　敬斋祠

桂树徒芬芳，祠宇亦荒废。弦歌无馀响，香火谁复继。

前修日以远，令人发深喟。举觞酹飞泉，悲风起横吹。

四、探索封龙书院历史文化价值持续发展

习近平总书记历来重视中华优秀传统文化的传承与弘扬，发表了一系列重要论述，提出了中国特色社会主义植根于中华文化沃土、坚定文化自信、促进文明交流互鉴等一系列著名论断，并将中华民族数千年来积累下的伟大智慧，贯穿在新时代治国理政的新理念新思想新战略中。习近平总书记在党的二十大报告中进一步提出，全面建设社会主义现代化国家，必须坚持中国特色社会主义文化发展道路，增强文化自信，围绕举旗帜、聚民心、育新人、兴文化、展形象建设社会主义文化强国。这为我国文化事业的发展指明了前进的道路。

封龙山是河北的历史文化名山，更是教育名山，封龙书院是国内著名书院。兴于汉，盛于唐，勃发于元。北宋名相李昉曾在封龙山收徒讲学，元代著名数学家李冶重振封龙书院，“封龙三老”名扬天下，封龙书院实际上成为北方著名综合性学府，直至明代，封龙书院依然是长江以北历史最悠久的书院，素来有“南岳麓，北封龙”之称。而如今的岳麓书院，作为湖南大学的二级学院，人才培养、学术研究、文物保护、社会服务四大事业的互相支撑、良性互动，让这座千年学府弦歌不绝，成为古老书院现代转型的典范。

随着第六届石家庄市旅发大会在元氏召开，让封龙书院再次走进大众视野。元氏县为此对封龙书院进行了改造提升，打造了集书院文化、碑刻文化、数学文化等为一体的封龙山文化中心，为广大封龙文化爱好者提供了修学研学的好载体、休闲娱乐的好去处。但随着旅发大会的结束，封龙书院悠久的历史文化价值没有得到更进一步的挖掘，虽投入巨大，但人烟稀少、看客罕至，其深厚文化底蕴没有得到充分利用。

河北师范大学与元氏县近年来建立了良好的合作关系，共同设立河北师范大学封龙书院博士苑，逐步安排优秀文科类博士生到封龙书院学习、生活，开展科学研究，恢复书院教育教学功能，通过开展高端学术论坛、中外学术交流、各类学术会议等形式，在传授知识的同时，强力提升封龙书院影响力，充分展现书院的历史价值和时代魅力，弘扬中华优秀传统文化，呈现文化自信。河北省政府督查室对省人大代表提出的“关于将封龙书院划归河北师范大学管理和使用的建议”办理情况专门开展了实地调研督导，提出河北师范大学和元氏县政府要抓好相关工作落实，重振封龙书院的历史辉煌。

封龙书院位于石家庄市西南 20 公里，距离河北师范大学仅 30 分钟车程。元氏县与河北师范大学应当进一步加强交流与合作，充分借鉴湖南“岳麓书院模式”，不仅要复原封龙书院古代建筑，更要恢复传统书院的功能。对封龙书院的文化内涵挖掘、旅游开发、人才培养等方面进行深层次、多方位的合作交流，充分发挥河北师范大学办学优势，将“千年书院”与“百年学府”有机结合，活化封龙书院的历史文化价值，提高对其历史文化价值利用的可持续性，有效提升封龙书院的社会影响力和国际化水平，助力元氏县域经济社会发展。

发挥江西优势　促进书院文化传承发展

徐永文　毛　静　胡子玲　胡　青[①]

书院是中国古代独特的文化教育机构，在人才培养、学术研究、思想传播、文化传承、社会教化等方面发挥了重要功能。书院在其千余年的发展历程中，承载着许多优秀文化传统，书院文化是中华优秀传统文化的重要组成部分。江西作为书院文化大省，我们应以时不我待的紧迫感，拿出实招，用好用活江西书院文化资源，促进书院文化传承发展。

一、江西书院文化的显著优势

（一）江西古代书院总量居全国之首，著名书院比比皆是

据季啸风《中国书院辞典》统计，从唐代至清代千余年间，包括港、澳、台地区在内的全国各地有史料可查考的书院共计7300余所，其中江西为989所，居全国之首，遥遥领先其他省份，占全国七分之一。另据江西省方志办统计，江西古代书院实际超过2000所。江西古代有很多闻名遐迩的书院，如白鹿洞书院、鹅湖书院、象山书院、白鹭洲书院、濂溪书院、豫章书院、叠山书院、怀玉书院、东湖书院、阳明书院、信江书院

① 徐永文：江西师范大学教育学院副教授，江西书院文化与教育研究中心主任。毛静：江西省书院研究会副会长，南京传媒学院图书馆馆长。胡子玲：南昌大学讲师。胡青：江西省文史研究馆馆员。

等。其中，白鹿洞书院的名气最大，享有“天下书院之首”的美誉。

（二）书院教育是江西人才辈出的重要支撑

江西自古以来，人才辈出。唐宋八大家里，欧阳修、王安石、曾巩等三人来自江西。明朝时期流传这样一句话：“满朝文武半江西。”江西历史上著名的政治家、思想家、文学家、科学家等很多与书院有着不解之缘，他们或受学于书院，或兴教于书院，如王安石、曾巩、黄庭坚、陆九渊、文天祥、胡居仁、宋应星、汤显祖等。江西发达的书院教育催生了众多的科举人才，据统计，唐、宋、元、明、清，江西共产生 9879 名进士，占全国十分之一强。

（三）江西书院讲学成就了一批学术大师

江西是宋明理学家讲学的重镇，书院讲学促进了理学思想产生、发展和传播。理学的开山鼻祖周敦颐的理学思想发端于江西，陆王心学起源于江西，成熟于江西。江西还是朱熹、王阳明及其门人弟子讲学的重要地方。对于王阳明的心学，黄宗羲这样评价道：“姚江之学，惟江右得其正传。”

（四）《白鹿洞书院揭示》是天下书院学规的典范

南宋淳熙六年（1179 年），朱熹为白鹿洞书院亲订《白鹿洞书院揭示》，促进了书院制度化发展。绍熙五年（1194 年），朱熹又将《白鹿洞书院揭示》揭示于岳麓书院楣间，成为《岳麓书院揭示》。宋元明清时期，许多学校甚至是中央官学以《白鹿洞书院揭示》为范本。《白鹿洞书院揭示》一度传播到东亚等地区，促进了儒学在朝鲜、日本等国家的传播。

（五）江西是书院文物大省，书院红色文化资源丰富

据江西省文物部门调查和统计，江西现存古代书院 170 多所。江西书院遍布全省，传统书院遗存数量为全国第一。其中，列入全国重点文物保护单位的就有白鹿洞书院、鹅湖书院、龙江书院、潋江书院、白鹭洲书院、同文书院等。土地革命时期，江西不少书院见证了中国革命历史，中国共产党的很多历史事件是在传统书院发生的，例如，1928 年 4 月，毛泽东和朱德在龙江书院会面，并召开工农革命军第四军党的第一次代表大会；方志敏年轻时就读于叠山书院，深受叠山事迹和叠山精神的熏陶与教育；等等。这些书院保存了许多革命文物、红色标语、红色故事等。据不完全统计，江西蕴藏红色文化资源的书院超过20所，稳居全国第一。

二、加强江西书院文化传承发展的意义

（一）有利于擦亮江西传统文化的本色

习近平总书记指出："中华文明绵延数千年，有其独特的价值体系。中华优秀传统文化已经成为中华民族的基因，植根在中国人内心，潜移默化影响着中国人的思想方式和行为方式。"江西是文化资源大省，享有丰富的优秀传统文化、革命文化和社会主义先进文化等资源。仅优秀传统文化，江西就有闻名全国的书院文化、戏曲文化、陶瓷文化、茶叶文化、药业文化、稻作文化、商帮文化、宗教文化、客家文化等，蔚为大观。而厚重的书院文化，赋予了江西崇文好学，温文尔雅的气质，奠定了江西传统文化的本色。

（二）有利于提升江西文化强省建设的信心

习近平总书记指出："文化自信，是更基础、更广泛、更深厚的自信，是更基本、更深沉、更持久的力量。"书院文化作为江西优秀传统文化的主力，历史底蕴深厚。书院文化是江西文化自信的底气，充分挖掘书院文化资源，有利于增强江西文化自信。对书院文化的保护、传承与发展，有利于提升江西文化强省建设的信心。

（三）有利于增强江西书院文化的传播力影响力

将传统文化与现实技术和社会需求完美结合，是当前文化发展的新要求。在此要求下，江西书院文化可通过创造性转化、创新性发展，与现实社会相融相通。一方面，加大江西省书院文化宣传和传播力度，形成书院文化全新的传播体系，有利于增强书院文化的传播力。另一方面，按照时

代的新进步新进展，对书院文化的内涵加以补充、拓展、完善，加强书院文化与教育、旅游、公共服务、科技等融合和创新发展，培育书院文化新业态，有利于增强江西书院文化的影响力。

（四）书院文化旅游是江西区域经济发展的增长点

江西是名副其实的文化旅游资源大省，发展旅游业的条件得天独厚、优势独特。新形势下，大力发掘江西历史文化的深厚底蕴，从深度和广度上促进文化与旅游融合，完善相关政策，推动实现文化旅游业的良性互动、共赢发展，努力将江西打造成文化旅游强省。书院文化是江西特色文化旅游赖以发展的重要资源，书院文化旅游可以实现文化产业链的整合、完善与延伸，最终产出具有鲜明江西文化特色的文化产业和服务，从而推动江西文化产业与区域经济发展。

三、江西书院文化传承发展的现状

近年来，为传承利用好书院文化，江西做了大量卓有成效的工作，如加大书院文物普查力度，基本摸清全省古代书院的情况；提升书院文物保护级别，将所有书院文物纳入文物保护法保护范围；加大经费投入，做好书院文物的维修与维护；加强书院文物利用和书院文化宣传；重视书院文化研究，设立“江西省文化艺术科学重点研究基地——江西书院文化与教育研究中心”；等等。然而，在书院文化传承利用过程中，江西依然面临诸多突出问题。

（一）书院文物缺乏保护

江西书院文化资源分布广泛，遍布乡野，有的书院保留了完整的建筑，有的书院保留了部分建筑，有的书院只留下了遗址。一部分书院为全国重点文物保护单位，一部分书院为省、市、县级文物保护单位，其余书院为一般文物点。在城市乡村建设过程中，作为一般文物点的书院普遍存在保护的难题。近年来，由于保护工作不力，部分书院建筑已荡然无存，部分书院遗迹已难觅其踪，许多书院文物流入文物市场，书院文物流失严重。到目前为止，关于书院文化保护与利用，还缺乏总体规划。

（二）书院文化资源有待整合

书院文化的保护与利用涉及多个部门，各个部门相对独立，导致彼此之间信息不畅通。宣传、新闻出版广电部门掌握书院文化传播信息，文化部门掌握书院文化遗产信息，旅游部门掌握书院旅游资源信息，教育部门掌握书院文化研究信息，科技部门掌握科技与文化融合信息。由于书院文化遗产产权归属不一，造成各所书院经营与管理权相对独立，书院文化资源难以整合。

（三）对书院文化的宣传有待加强

随着新媒体高速发展，多样化的传播形态和传播方式给传统文化带来了新气象，2015 年 8 月，凤凰网与湖南大学岳麓书院共创国学频道并成功上线，传统文化数字化传播模式为书院文化传播提供了新风向。然而，江西书院文化的传播主要依赖于广播、电视、报纸、图书、杂志等传统媒体。因江西书院文化数字化程度较低，导致江西书院文化数字化资源总量偏少，上线率低，信息零散。已上线的书院文化信息基本是文字和图片，内容简单，形式单调。

（四）书院文化的保护利用模式有待创新

目前，江西省书院的保护利用模式主要包括：以白鹿洞书院、鹅湖书院等为代表，作为传统文化旅游景点对游客开放；以龙江书院、潋江书院等为代表，作为红色文化旅游景点对游客开放；以同文书院、濂溪书院等为代表，作为学校的校史馆对师生开放；其余大部分书院仅作为文物被保护，没有开发利用。对标湖南岳麓书院，江西还没有一所书院集书院教育与书院文化展示、体验、交流、学习、研究、旅游等功能为一体，江西省书院文化与教育、旅游、科技等缺乏深入融合，书院与大学的合作有待深化。

（五）对书院文化的研究阐发有待加强

长期以来，江西省书院学术界扎根于本省书院研究，取得了一定成效，产生了一批成果。但以现有的书院研究实力，还难以满足江西书院文化事业发展的需要。目前，江西还没有推出在全国具有重大影响的研究成果。现有书院研究人员分布在江西师范大学、江西科技师范大学、南昌师范学院、九江学院等高校，组织松散，年龄老化，正面临人才断层，难以为继的情况。

（六）经费投入有限且来源渠道单一

书院历经千年，经费保障是其持续发展的基础，古代书院都设有学田，学田的设立体现了官府、乡绅、民众对书院文化教育事业的热衷和支持。今天，资金投入仍是书院文化事业发展的重要条件。湖南岳麓书院的每年游客千万人次以上，每年门票收入千万计，门票收入主要用于岳麓书院的保护和研究。2017 年 2 月 28 日，湖南岳麓书院还成立了“岳麓书院发展基金”，获得首笔捐款 1000 万元。比较而言，江西用于书院文化事业发展的资金相形见绌，且主要来自政府投入。迄今为止，江西还没有设立用于书院文化事业发展的专项资金。

四、促进书院文化传承发展的建议

（一）加强书院文物的保护，修复和重建一批书院

书院文物属于不可再生资源，价值弥足珍贵，如果不及时采取有效措施，势必会削弱书院文化在传统文化中的地位。建议各省文旅厅以第四次全国文物普查工作为契机，启动书院文化遗产专项普查工作，对书院文化的保护与利用进行规划。定期对书院文物点进行排查，建立巡查机制，实施动态监控，划定保护红线，对于濒临消亡的书院建筑及时进行修复，对每个书院文物点的保护责任到人，明确职责。对于历史上著名的书院，设法重建。比如南昌豫章书院是江西历史上一所著名书院，清雍正十一年

（1733年），豫章书院作为全国23所省级书院之一，成为当时江西省的最高学府和全省文化教育中心，其遗址为今天的南昌十八中，鉴于南昌市作为省会城市还没有保存一所完整的书院，建议相关部门开展相关调研，启动豫章书院重建工作。恢复后的豫章书院可发挥在地优势，辐射全省，打造赣文化传承发展的中心。

（二）整合书院文化资源，借助新媒体传播书院文化

建议由宣传部牵头，建立新闻、广电、出版、文化、教育、旅游、科技等部门的联络机制，整合各部门书院文化资源；发挥各部门优势，以广播、电视、互联网、报纸、图书等为载体，制作各类宣传资料；利用江西省博物馆新馆的展厅举办江西书院文化主题展，在展示中融入AR、VR等现代技术，使展示内容动起来、活起来，符合现代观赏习惯；利用互联网技术打造书院文化线上展厅，突破原有实体展示空间；组织和举办以书院文化为主题的书画展、摄影展，通过巡展，增强书院文化的美誉度；组织本土艺术家对江西书院文化进行采风，开展音乐、舞蹈、戏曲、戏剧、影视等多种形式的文艺创作，使其搬上舞台和荧屏；谋划在中央电视台播放专题片，在《人民日报》等权威媒体发表文章，扩大书院文化的影响力、知名度，讲好书院文化故事。

（三）借鉴湖南岳麓书院模式，促进书院与大学融合发展

受地理位置和管理体制的限制，白鹿洞书院、鹅湖书院、白鹭洲书院等与大学、科研机构的合作缺乏长效机制和明显成效。建议借鉴湖南岳麓书院模式，由文化、教育、旅游等部门联合成立江西书院文化协同创新示范区，加强书院与大学在人、财、物等资源方面的整合，形成深度融合机制，以书院制办学形式促进学校人才培养模式改革，提高人才培养质量。吉安白鹭洲书院是江西四大著名书院中唯一处在城市当中的书院，毗邻大学，具有得天独厚的地理优势。因此，白鹭洲书院是江西最有可能与大学实现深度融合的书院。建议由吉安市相关部门牵头，推动白鹭洲书院与井冈山大学深度融合，发挥井冈山大学的人才优势，将白鹭洲书院打造成庐陵文化传承创新的高地。

（四）打造书院文化特色旅游

为了让书院文化旅游火起来，我们需要做好以下四个方面的工作：第一，根据现有书院旅游景点的布局，以白鹿洞书院、鹅湖书院、白鹭洲书院等为支撑点，设计科学、合理的书院文化旅游精品线路，大力发展融书院遗址观光、书院教育体验、书院文化研习、休闲娱乐等为一体的书院文化旅游；第二，建设书院文化研学旅行示范基地，在课程资源开发、线路规划、产品设计、活动开展等方面为中小学校提供指导和支持；第三，加快书院文化旅游配套设施的建设，在交通、票务、购物、导游、讲解、参观、餐饮、住宿等方面为游客提供优质服务；第四，在实现书院文化旅游跨区域联动的同时，还应将书院文化旅游与红色文化旅游、绿色生态旅游等线路整合、打包，整体推向市场，大力营销，唱响“江西风景独好”品牌。

（五）挖掘书院红色文化资源，发挥书院红色文化的教育功能

为深入挖掘全省书院红色文化资源，需要摸清江西书院红色文化资源家底，对相关资源的数量、历史、分布、现状等信息进行调查、整理和研究。书院红色文化资源是天然的优质教育资源，应充分发挥其教育功能。第一，针对党员干部，搭建主题教育平台，借助书院遗址、实物等红色文化资源的展示，使领导干部更加坚定理想信念。第二，针对在校学生，融入思政教育，将江西书院红色文化资源作为思政课堂上极具地域特色与价值的素材，以形象、生动的故事，培养学生正确价值观，将红色基因代代传承下去。第三，针对普通群众，采用寓教于乐的教育形式，使其在参观游览中领悟江西书院红色文化的独特性和交融性，潜移默化地增强对红色文化的认同，成为红色基因的传承者。

（六）加强书院文化研究阐释

1993 年，江西书院研究会成立，江西是全国较早成立书院研究会的省份。该研究会成立 30 年间，扎根江西书院文化研究，积蓄研究力量，推出了一系列研究成果，《中国书院论坛》是全国唯一关于书院研究的连续出版物，在全国具有较大影响。以江西书院研究会成立 30 周年为契机，加强江西书院文化研究阐释。建议省社联、省教育科学规划办、省文化艺术科学规划办等省级科研管理部门通过设立书院研究专项课题，调动书院研究者的积极性，吸引更多学者从事书院研究，夯实书院研究队伍；加强江西书院文化传承发展的基础理论研究，推出一批精品佳作，注重对研究成果的转化，将研究成果推向社会，服务全社会。

（七）拓宽经费来源渠道，广泛募集资金

经费投入是书院文化传承发展的重中之重，也是难中之难，为解决资金不足的问题，可寻求多方支持。第一，关于书院文物的保护，国保单位应积极争取国家专项经费支持；第二，书院文化传播、书院建设、研学旅行等项目可采取政府拨款与民间资本并举的方式，以减轻政府财政压力，同时能确保经费来源的多样性。第三，借鉴湖南岳麓书院的做法，成立“江西优秀传统文化发展基金会”，向社会各界广泛募集资金，对推介、传播、传承和研究江西书院文化的社会公益组织和项目进行资助。

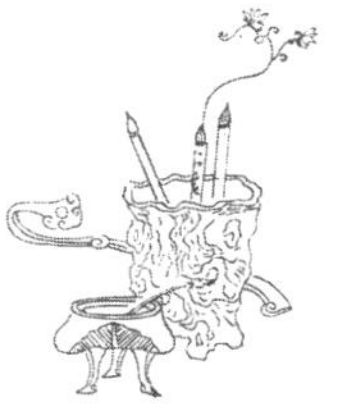

书院当代发展研究

关中书院的历史传承与创新发展

王美凤[①]

关中书院位于西安市书院门街，始建于明万历三十七年（1609 年），由陕西布政使汪可受、按察使李天麟等地方大员为大儒冯从吾讲学所建，是明清时期关中乃至西北地区极具影响力的书院，云集了一批著名学人在此主持任教，培养了一代代文人才俊，代表着陕西书院学术教育发展的最高水平，为陕西文化建设作出了积极贡献。清光绪二十九年（1903 年），关中书院应势改为陕西师范学堂，从此迈向近代教育历程，至今已有 400 余年的历史，如今是西安文理学院的校区之一。

一、晚明关中书院的创建

明清时期，书院是传播理学、培养人才的重要阵地，全国各地书院林立，相互媲美。陕西书院的普及与发展，也大大超越了前朝。据学者统计，明代陕西共有书院 61 所，其中新建 55 所，主要集中于弘治、正德、嘉靖、万历时期；[②] 清代陕西共有书院 218 所，其中新建 192 所，仅乾隆时期即新建书院 76 所。[③] 在这些书院中，由明代大儒冯从吾创立的关中书

① 王美凤：陕西省文史研究馆特聘研究员，西北大学关学研究院副院长。

② 杨远征：《陕西古代书院研究》，硕士学位论文，陕西师范大学，2005 年。

③ 刘晓喆：《清代陕西书院研究》，博士学位论文，西北大学，2018 年。

院，因其重要的地理位置、独特的办学宗旨、巨大的社会影响，一度跻身于全国四大书院之列。明代御史张讷曾说："海内之为书院者，其最盛有四：如东林，如关中，如江右，如徽州。"① 关中书院成为明代享誉天下的著名书院。

学术界对关中书院在明清时期的历史传承及其讲学活动、学术主张、社会影响、教育贡献等相关情况的研究，较之于经济发达的南方地区书院文化研究，则显得较为薄弱。如 1995 年江苏教育出版社出版了赵所生、薛正兴主编《中国历代书院志》115 种，为中国书院文化研究提供了系统丰富的历史资料，然其仅收录了关中书院创院山长冯从吾的《关中书院语录》。1998 年浙江教育出版社推出陈谷嘉、邓洪波主编《中国书院史资料》，其中仅收录冯从吾《关中书院记》及《续修陕西通志稿》卷三六《关中书院》条目。此外，关于关中书院的专论亦不多见。究其原因，当与清代道、咸以降西北地区兵燹不断、文教难兴和经济落后等历史文化背景相关，以致书院相关文献资料存世者甚少，极大地影响了书院文化研究的深入开展。

近年来，西安文理学院作为关中书院主管单位，十分重视书院文化的传承与发展，深刻地认识到挖掘整理关中书院历史文化意义重大，责任重大，是传承文化的需要，是学校发展的需要，也是服务社会的需要。该校于 2018 年 11 月成立了"关中书院历史文化挖掘整理委员会"，开始组织专家团队系统收集、挖掘关中书院的文物和历史遗存，整理点校关中书院的文献资料。经过 5 年的努力，2023 年 5 月由陕西人民出版社出版《关中书院丛书》，其中的《关中书院志校注》一书，对关中书院从创建至近代改制 300 年间的历史发展脉络进行了总结，这对进一步了解关中书院，推动书院文化建设与研究工作的深入，无疑具有积极的推动作用。

关中书院的创立者冯从吾是明代关学的集大成者，在他的学术生涯

---

① ［明］沈国元：《两朝从信录》卷二十七，明崇祯刻本。

中，讲学是他的学术思想和社会活动的亮点。他尤其看重讲学，曾说："开天辟地，在此讲学；旋乾转坤，在此讲学；致君泽民，在此讲学；拨乱返治，在此讲学；用正变邪，在此讲学。学者不可作屑小事看。"[①] 为了继承儒家道统，端正世道人心，培养传道济世人才，改变晚明日渐颓废空疏的社会风气，他创办了关中书院。关中书院一经创立即不同凡响，不仅影响西北，而且影响到了全国。冯从吾在关中书院讲学十余年，亲自制定了《学会约》《关中士夫会约》，提出了"崇真尚简，务戒空谈，敦实行"的学会宗旨。为了方便大家理解记忆，他把《学会约》简化为通俗易懂的《谕俗》："千讲万讲，不过要大家做好人，存好心，行好事。"冯从吾还为书院学生制定了学规，称为《士戒》，共 20 款，以规范学子们的行为，宣示了书院的学术文化主张。其所论之事，除基本行为规则之外，还涉及讲学过程中力求戒免的一些细微之事。这不仅继承了张载以来关学躬行礼教、不尚空谈的学术宗旨，还形成了关中书院尊儒重礼、笃实践履的良好学风，并对关中的诸多书院起到引领潮流、典型示范的作用，对关中民众的价值观念、思维方式、人格养成和文化心理产生了深远的影响。

二、清代关中书院的复兴

明天启六年（1626 年），魏忠贤下令拆毁天下一切书院，指派党羽乔应甲入陕砸毁关中书院。遭此劫难，冯从吾饮食俱废，于天启七年二月离世，自是关中书院罢讲 40 余年。

清康熙三年（1664 年），陕西巡抚贾汉复等委派西安知府叶承祧对关中书院重加修葺。康熙五年，贾汉复延请"关中人士领袖""粹然儒者"王宏撰（1622—1702）主讲书院，一时英俊如云，称为盛事。时距冯从吾绝响已 40 年矣，后人评价其"倡始之功，尤不可没也"。[②]

---

① ［明］冯从吾：《冯少墟续集》卷四末《附录》，清康熙十二年刻本。

② ［清］康乃心：《王山史先生年谱》附《遗事》，清光绪二十三年华阴敬义堂刻本。

康熙十二年（1673年），陕西总督鄂善再三敦延“一代真儒”李颙（1627—1705）主讲关中书院。李颙早年受冯从吾影响甚大，尝言“余生平遍阅诸儒先理学书，自洛、闽而后，唯冯恭定公《少墟先生集》言言醇正，字字切实，与薛文清《读书录》相表里；而《辨学录》《善利图》《讲学说》《做人说》，开关启钥，尤发昔儒所未发，尤大有关于世教人心”[①]。“方谋为冯恭定公设俎豆，勉就之。”[②] 地方当局拔各郡俊士于其中，地方督抚道县以及德绅名贤、进士举贡、文学子衿，无不环阶席而侍，听者几千人，盛况空前。

为更好地发挥书院的教化功用，李颙确立了书院的讲学宗旨，强调要“立人达人”“移风易俗”“拨乱返治”等，把冯从吾以来关中书院的教育理念和传统具体落实到了书院的讲学宗旨中。他亲自厘定《关中书院学规》与《会约》，为书院的日常活动制定了章程，以约束礼仪，整肃身心，关中士习丕变。时人赞曰：“自少墟后，讲会久已绝响，得先生起而振之，力破天荒，默维纲常，一发千钧。”[③] 李颙以其渊博的学识，成为清初具有全国性影响的关中学者，与孙奇逢、黄宗羲并称“海内三大儒”，是清初关中书院历史上影响极大的学人。

继李颙之后，康熙二十三年（1684年），陕西总督希福聘请“关中名士”李因笃主讲关中书院。李因笃以诗文见长，与李颙、李柏并称“关中三李”，与顾炎武为莫逆。乾隆二年（1737年），陕西巡抚崔纪延聘以“学粹品端”著称的史调掌教关中书院，他认为“读书以明道修身，今惟作八股，计取青紫，失其旨矣”[④]，“人才不兴，由教导失术”[⑤]，故主讲书院期间，尤重理学而轻制艺，“事事务为躬行实践”[⑥]，以至于有人称其学为

---

① ［清］李颙：《二曲集·题冯少墟先生全集》，清康熙三十二年郑重、高尔公刻本。

② ［清］李颙：《二曲集·二曲先生窆石文》，清康熙三十二年郑重、高尔公刻本。

③ ［清］惠灵嗣：《关中李二曲先生履历纪略》，清嘉庆七年刻本。

④ ［清］史调：《史复斋文集》卷三《云台观书舍公谕》，北京大学图书馆藏清乾隆刻本。

⑤ ［清］史调：《史复斋文集》卷三《横渠书院公谕》，北京大学图书馆藏清乾隆刻本。

⑥ ［清］周长发：《史复斋文集序》，北京大学图书馆藏清乾隆刻本。

“儒者模范”“笃行君子”[①]，多士受裁以成。

乾隆八年（1743 年），陕西巡抚陈宏谋聘请孙景烈主讲关中书院。孙景烈“学行一如薛文清，为关中学者宗”，深得地方大员的钦佩敬重。乾隆十二年，陕西巡抚徐杞延请孙景烈掌教书院；乾隆十三年，陈宏谋再次持节抚陕，再度力邀孙景烈出主关中讲席。孙景烈先后三次主关中书院讲席，长达十余年，订有《关中书院学约》，著有《关中书院讲义》《关中书院课解》等。

乾隆十一年（1746 年），陕西巡抚陈宏谋聘请以“诗学”著称的苏州李重华主讲关中书院，为诸生讲明经义。乾隆三十九年，陕西巡抚毕沅聘请江南名士戴祖启为关中书院山长，历时六载。其视生徒如子弟，随材善诱，各有进益。尝曰：“我无它爱憎，惟真读书立品者，文或未工，亦优奖之。大要欲合文章、学问、人品为一也。”[②]

乾隆四十年至四十三年（1775—1778 年），毕沅聘请“吴中七子”之一的曹仁虎出主关中书院；后于乾隆四十七年（1782 年），又聘“吴中七子”之一的吴泰来入主关中书院。吴出身书香门第，家有“遂初园”，藏书数万卷，才情逸秀，以诗文延誉天下。嘉庆十三年（1808 年），陕西巡抚方葆严延聘以诗词与骈体著称、“文才艳绝一时”[③] 的常州名士杨芳灿主讲关中书院，因其教育有方，次年诸生捷秋榜者达 22 人，“一时称盛”[④]。道光十五年（1835 年），以时艺著称的陕西周至大儒路德主讲关中书院，长达 3 年，慕名来学者甚众，所著《仁在堂》诸编皆风行海内，士子奉为圭臬。曾国藩在《家训》里称其“陕西近三十年科第中人，无一不出闰生先生之门，湖北官员中，想亦有之”。“律赋课艺无一不当行出色。”[⑤]

---

① ［清］陆维垣等纂：（乾隆）《华阴县志》卷十五，1928 年铅印本。

② ［清］钱大昕撰：《潜研堂文集》卷四十六，清嘉庆十一年刻本。

③ ［清］秦缃业撰：《无锡金匮县志》卷二十二，清光绪七年刊本。

④ ［清］赵怀玉：《亦有生斋集》之《文卷十八・墓志铭》，清道光元年刻本。

⑤ ［清］《曾文正公家训》卷下，清光绪五年传忠书局刻本。

继路德之后，咸丰元年（1851 年），“负文学盛名”的中州蒋湘南主讲关中书院，历时 4 年。

同治四年（1865 年）五月，以“博学多通”享誉的贵州黄彭年，受陕西巡抚刘蓉之聘，主讲关中书院，长达两年。值得一提的是，黄氏于光绪四年（1878 年）被李鸿章聘修《畿辅通志》，兼主保定莲池书院，定课一如在关中时，亲自制定《莲池书院简明学规》。光绪八年正月擢授湖北襄郧荆道，迁按察使，而由其总纂的《畿辅通志》也于同年四月告成，黄氏五月初启程赴湖北，成为清代陕西、河北书院文化互相生发、交流互鉴的历史佳话。

光绪十三年（1887 年），陕西总督谭文卿、巡抚叶冠卿、布政使李菊圃延聘长安柏景伟出主关中书院讲席。次年戊子科，门下士获隽者 20 余人，又次年己丑恩科，正榜取 65 人，副榜取 8 人，科第称盛。

在关中书院的发展历程中，始终得到朝廷与地方官员人力、物力、财力的支持，地方官员亲自规定书院的办学宗旨、课程体系、学规学业，购置图书簿籍，是一所名副其实的官办学校。如康熙三年（1664 年），陕西巡抚贾汉复等委派西安知府叶承祧对关中书院重加修葺。重建堂屋轩舍，院门构为四楹，辟精一堂六楹，东西厅各六楹，号房二百楹。雍正十一年（1733 年），御赐陕西关中书院帑银一千两以增师生膏火。乾隆二十一年（1756 年），御赐关中书院“秦川浴德”匾额。同治十二年（1873 年），陕西布政使谭钟麟亲为关中书院订立《课程五则》，提出了“重躬行，讲经义，稽史事，通时务，严课程”① 的五大规约，使冯从吾、李二曲以来的书院教育宗旨、教育理念以及课程设置都有了更加明确的方向和章程。光绪七年（1881 年），巡抚冯誉骥于关中书院设立“志学斋”，激励高才生刻苦攻读，由此书院文风日盛，气象日变。光绪十二年，陕西巡抚叶伯英、

① 宋伯鲁、宋联奎等纂：《续修陕西通志稿》卷三十六《学校》，1934 年刊本。

布政使黄彭年①为关中书院“严定课程，广置书籍”②，叶伯英为《关中书院课艺》一书作序曰：“余既奉抚秦之命，因与贵筑黄子寿方伯、长白曾怀清廉访筹商经费，先后添建斋房七十七间，凡经史子集及经世有用之书，分类购得善本，储置院中，义定《志学斋章程》及《读书课程》，勒之于石。”③

三、关中书院的转型与创新发展

光绪二十七年（1901 年），清廷宣布实行新政，废科举，兴学校，通令全国各地改书院与官办学校为学堂。次年，作为陕西书院之首的关中书院开始议建师范学堂。光绪二十九年，陕西巡抚升允上“为陕西设立师范学堂以端教法而育师资”奏折，获得朝廷“认真经理，期收实效”的批复。从此，关中书院改建为陕西师范学堂，开始增设初级与优级二级师范选科，完成了师范学堂课程体系的全面改革，标志着传统书院文化向近代教育体系的转型。陕西师范学堂延聘“关中第一名儒”牛兆濂为总教习。牛兆濂学宗程朱，是传统关学的最后一位学人，也是陈忠实小说《白鹿原》中朱先生的人物原型。他在师范学堂执教仅数月，因诸生中有违理学宗旨的言论，牛兆濂毅然请辞，标志着关中书院已经彻底迈向近代教育的新征程。

书院是中国古代教育史上一种极具特色的教育制度，是中国古代大学文化的核心，代表着中国古代教育的辉煌成就。受关中地域文化的深刻影

---

① 《黄陶楼日记·秦藩日记》详细记载了黄彭年为关中书院购补图书的过程：光绪十二年（1866 年）九月十五日，黄彭年请拨款为书院添置书籍；二十五日，黄彭年与林学使商议为关中书院、宏道书院筹购书籍；十月初五日，黄彭年撰写《关中书院筹添书籍详文》；十八日与曾怀清访关中书院；二十二日作书致李鸿章，由天津司道运售书局局刻书目中选取必要书目，为关中书院购之。（参见《黄陶楼日记》第 31 册）

② 王钟翰点校：《清史列传》卷七六，中华书局 1987 年版，第 19 册，第 6287 页。

③ ［清］叶伯英：《关中书院课艺志学斋日记附·序》，清光绪十四年刻本。

响，关中书院自其创建至晚清改制的300年间，始终绵延着一条永不止息的学术精神，这就是关学精神。北宋张载所创立的关学，作为宋代理学的一个独立派别，不但在学术思想上为中华民族的思想智慧作出了重要贡献，而且在文化上以“为天地立心，为生民立命，为往圣继绝学，为万世开太平”的使命意识与责任担当，培养、激励着中国古代文人学士的精神追求与价值方向，从而也赋予关学精神独特的思想内涵。关中书院始终坚守、捍卫张载的“四为”精神，恪守冯从吾以来关中书院“敦本尚实，崇真践履”的文化传统，通过讲学的方式，承继儒家道统，广兴教化，以正人心，以卫世风，成为陕西文化教育事业的先锋，造就了大批经国济世的优秀人才。如曾经肄业关中书院的刘古愚，在出任味经书院山长时，调整了教学内容，设立“时务斋”，要求学生每日读报，研讨国内外大事。在他的引领下，宏道、味经、经干等书院逐渐成为以传播维新思想和西方科学知识为特色的重要阵地，培养出了著名数学家张秉枢、水利专家李仪祉、国民党元老于右任、《大公报》主编张季鸾等人，成为影响近现代陕西乃至中国的关中学人。

传统书院以传道济世、兼容并蓄、自由讲学为特征，蕴含着以“道”为核心的人文精神、以学者为主体的学术精神和以人格培育、世风美化为宗旨的教化精神，这种悠久厚重的历史文化积淀，必将成为陕西乃至中国教育事业的智慧宝库和动力源泉。因此，坚守文脉传承，挖掘古代书院的办学经验和宝贵传统，复兴古代书院的优秀文化精神，并对其精华实现创造性转化与创新性发展，是我们必须完成好的又一时代重任。

2009年，关中书院随其衍生的西安师范学校并入西安文理学院，书院“敦本尚实，崇真践履”的文化精神也被文理学院传承了下来，并成为西安文理学院治校办学的行动指南和精神源泉。近年来，学校积极探索构建传承和弘扬传统文化体系及模式，以学术研究为支撑，着力打造陕西文化高地。

首先，充分整合西安文理学院乃至陕西全省的科研力量，组建一支高水平的学术研究团队，进一步提升关中书院社会影响与学术贡献，做足书院文化内涵建设，使之成为关学研究不可或缺的学术重镇。

其次，深入挖掘关中书院特有的历史文化资源。作为陕西儒学发展的标识，关中书院 400 年来的发展传承、历史贡献、社会影响，及其在当代的创造性转化与创新性发展，都需要我们下大力气做好功课。打造陕西历史文化的代言人，搭建陕西文化的学术重镇，任重而道远。

再次，以关中书院的优秀文化传统涵育西安文理学院，激励广大师生培养良好的道德情操，树立远大理想，希圣希贤，争做一个为天地立心、为生民立命、为往圣继绝学、为万世开太平的有用人才。

最后，提升书院的文化高度和文化影响力，离不开书院的开发利用与传承保护。西安文理以打造西安重要文化地标为主旨，在统筹推进关中书院功能规划、形象提升等方面，已经做了大量工作。未来的关中书院，将会成为一所融历史文化厚重与现代创新发展于一体的书院，一所博物馆式书院，既有其丰富的内涵，厚重的历史，又有其鲜明的特色，将成为造福桑梓、培育人才的重要文化圣地。

从问津书院的历史变迁看传统书院的当代“回归”与价值

罗澍伟①

2013年，以“追寻津沽记忆，守望文化家园”为宗旨，以“读懂天津，留住乡愁”为指南，以推动天津历史文化的研究、致力天津历史文化资源的抢救、发掘和保护为己任，同时也为推广全民阅读推广、营建书香社会尽一份责任和力量的天津问津书院，作为民办社会服务机构异军突起。10年来，坚持组织学术活动，举办学术讲坛与年会；坚持持续出版多种书刊；坚持各类乡梓文献的全面积累和阅读普及……不断赋予书院新的时代内涵与现代表达形式，办法值得学习，经验值得总结。

一

始建于清乾隆十六年（1751年）的问津书院，是天津历史上创建最早、规模最大、持续时间最长、社会影响最广的一座书院。

当时，长芦盐运使卢见曾，见天津为“百川朝宗”之府邑而书院“阙焉未兴”；长芦巨商、水西庄主查为义当即表示：“家有废宅在运署之西南隅，其地高阜而面阳，形家以为利建学。”卢见曾据实禀报直隶总督方观

---

① 罗澍伟：天津市文史研究馆馆员。

承、长芦盐政高恒；一年后书院落成，取名“问津”。旧址在老城鼓楼南，现为南开区文物保护单位，历经繁盛与落寞，尚存古槐、古藤各一株。

早在明代，为纪念孔子周游列国至楚，使“子路问津”于长沮、桀溺，武昌新洲设问津书院。卢见曾另辟蹊径，他在《问津书院碑记》中说：“孔子之道犹海也……学者因文见道，譬如汎（泛）海者……不能达者皆不得其津。”以示此“问津”非彼“问津”。

时任直隶学政的钱陈群，为书院讲堂命名“学海”。尔后，学海堂立意“经世致用”，设经古课，超越专习“八股”的教学模式，声名日噪。为区别于嘉庆年间、广州粤秀山建立的岭南学府学海堂，多称天津问津书院的学海堂为“北学海堂”。由于问津书院隶属于长芦盐运使司，经费充裕，上至山长束脩，下到杂役食宿，一切开销，均由该司“闲款生息”项下支给，从不匮乏。在“问津”带动下，天津陆续出现了三取（前身为康熙年间成立的郁文学社）、辅仁、会文、集贤、稽古、崇文和津东等八大书院。

问津书院成立后，一直不惜重金，聘用享有社会声誉的博学宿儒来院主持讲授。从清同治九年（1870 年）至光绪六年（1880 年），书院山长为道光进士、著名学者李嘉端，号铁梅，为官清介，办事率直，勤于教学，人称“铁大人”。继任，系光禄寺少卿、著名书法家程恭寿，其功力在李邕、米芾间，亦善颜、柳。后继，为同治进士、曾任皇帝侍讲、日讲起居注官，学识渊博，才思敏捷，文章下笔一挥而就的张佩纶。再继，为一代名宦、为官清廉的黄彭年之子，以博览群籍，工诗文、精考证、擅书法称誉一时的中年学者黄国瑾。继黄者，就是以“才大心细”著称，被誉为“天子门生、门生天子”的大学问家李慈铭，帝师翁同龢为李慈铭座师，李前往翁府拜谒，翁竟倒履来迎，且言：“以名位言，老夫当抗颜称师；以学论，吾当北面而拜。”截至庚子，“问津”最后一位山长就是晚清著名金石学家、文献学家和收藏家，时任翰林院编修、国史馆提调的叶昌炽。这些绩学名儒，前来为“问津”学子传道、受业、解惑，整体上提升了天津学子的学识水平，为天津文风的丕变，文运的日启，打下基础。

问津书院还开创了非营利的书籍代销模式。光绪七年（1881年），直隶总督李鸿章根据南皮知县劳乃宣的建议，筹银一万两，于问津书院“北学海堂”增设直隶官书局（另一处于一年前开设于当时的省城保定）。借助官府力量，由南省采购经史子集及有关时务或西学之书，运津发售。部分紧缺要籍，则由官书局自行刊印发行，光绪十二年刊印了徐宗亮编辑的《通商约章类纂》35卷，即为一例。

官书局的经营原则是“照本发售”，以嘉惠士林；目的是“培养人才，增广学识，期臻实用”。也有研究认为，由于当时入读书院者大多家境贫寒，官书局不得不另辟蹊径，由县学出资购买，酌加运费，供士子借阅。

辛亥革命后，官书局逐渐转为民营。但无论如何，问津书院“北学海堂官书局”的设立，对于天津地区的文化发展和传播，还是有一定贡献的。

问津书院还为天津培养出一批地方文化名人。以近代而论，闻名于世的就有：

维新志士、教育家严修（范孙）。就读“问津”期间，师从张佩纶，获益良多，“每忆及生平之微名寸进，即深感与恩师督责之力密不可分”。光绪九年（1883年）严修中进士，先后出任翰林院编修、贵州学政、学部侍郎、直隶学校司督办，期间，积极主张维新变法，改革科举制度，曾以名噪一时的《奏请设经济专科折》，开维新变法之先声。变法失败，遂退归乡里，于倡办新式教育一事，身体力行，亲赴日本考察。与教育家张伯苓共同创办南开系列学校，被尊为“南开校父”；逝世后，南开中学建“范孙楼”，以志纪念。

著名书法家华世奎（壁臣）。青年时就读问津书院，师从津门硕儒杨光仪。中举后由翰林院擢军机处，任汉班军机章京达拉密（领班），二品内阁阁丞；辛亥革命后退归乡里，鬻字为生，诗文自娱。书法取颜之遒劲，气势浑厚，舒放挺拔，骨力开张，位居近代津门“四大书家”（华世奎、孟广慧、严修、赵元礼）之首；善榜书，所写“天津劝业场”巨匾，被誉为“中华第一匾”。为人生性耿直，刚正不阿，嫉俗愤世，特立独行。伪满洲国成立，因不屑于溥仪称帝之所为，拒任官职。热心乡梓文化，曾主持天津文庙的传统活动及“崇化学会”“城南诗社”等文化团体；地方政府补贴的生活费用，他全部用于地方文化及公益。

教育家、方志学家高凌雯（彤皆）。光绪举人，学部普通司主事，津门诗人、学者和史志学家；“崇化学会”与“城南诗社”主要成员。光绪二十七年（1901 年）与林墨青等人，就城西稽古书院遗址创立普通学堂，即后来著名的铃铛阁中学。辛亥革命后，专心着力于天津史志，广收博览，著书立说，写有《天津县新志》廿八卷，资料宏富，内容详尽，索隐阐微，补缺匡谬；又有《志余随笔》《毡推记》《天津士族科名谱》《天津文汇》《天津诗人小集》《刚训斋诗集》和《刚训斋文集》等。

诗人、书法家赵元礼（幼梅），号藏斋居士。幼喜诗词歌赋，涉猎百家诸子，渐以诗文出名。就读“问津”时，得李慈铭赏识。后任直隶高等工业学堂监督。1921 年与教育家严修等组织“城南诗社”，吸收文坛名流百余人，唱和酬酢，怡情遣兴，抒发胸臆，为当年一大盛事。赵诗平实工雅、不弄玄虚，受人喜爱，与严修、王守恂（文化名人）并称“诗坛三杰”。著有《藏斋集》（含《辽东集》《寅卯集》《辰巳集》等 13 卷）、《藏斋诗话》。书法早年学柳公权，又涉篆书隶书，中年后醉心苏轼书法，终日临摹，废寝忘食，达到形神兼备的境界，65 岁时完成的《藏斋居士临〈观海堂帖〉》（苏东坡书法中上乘之作），在历代“写苏”名家中独树一帜。

二

中华文明具有突出的连续性。为承袭和彰显天津书院文化并使之延绵不绝，让新时代的传统文化从书院开启，阅读和文化传播的情愫从书院溢散，天津有识之士，立足赓续中华文脉，于 2013 年合力重组了当代的问津书院。重组的书院，坐落河北区四马路巷肆创意产业园，是民政部门批准成立的民办社会服务机构。书院千年，其命维新。重组的问津书院，以“追寻津沽记忆，守望文化家园”为宗旨，以“读懂天津，留住乡愁”为指南，借以推动天津历史文化的研究、交流、协作与传播，致力于天津历史文化资源的发掘、抢救、保护和传播；同时为推广全民阅读、营建书香社会，尽到一份责任和力量。

当我们重返时间之河、再次审视书院文化时，往往会发现，继续保留的不过是一种形式，而其精神内核与表达方法，则是要伴随着社会的发展不断向前进步，也就是要用新时代的新思维，构建一处能够学习、品味从传统到当代的天津文化的空间。既然“传道、授业、解惑”是历史上文化、学问传递，与扩大知识影响力的最佳途径，所以书院最早组织的学术活动，就是举办学术讲坛与年会。

10 年来，书院在每月最后一个周六举办“问津讲坛”，聘请卓有建树的专家学者主讲天津历史文化；作为公益活动，免费向社会开放。讲座每年一个主题、共办 10 期；还先后与《渤海早报》《每日新报》《藏书报》合作，辟“纸上问津讲坛”，进行全方位报道。从 2013 年到 2022 年的 10 年中，每年讲座的主题分别是：津沽名人、三津史事、郊县世族、九国租界、社会组织、津沽民俗、建筑遗产、园林景观、非物质文化遗产和问津书院。讲座之后，还要举办“问津学者沙龙”，讨论有关天津文史和阅读推广等话题。自 2013 年 1 月至 2023 年 2 月，讲坛已办百期。每年的讲稿辑为《三津谭往》。

每年 12 月最后一个周六，还要邀请天津文史学者召开“问津学术年会”，现已连续举办 10 届，每届提交的论文都在 70 篇以上，会后编为《九河寻真》。

为弘扬和深入认识天津文化，书院每年还要举办一次“天津历史人物学术讨论会”：2013 年学术讨论会为著名学者卢靖、卢弼，2014 年为著名书法家华世奎（150 周年诞辰），2015 年为著名学者章式之（150 周年诞辰，外交家章文晋祖父），2016 年为著名学者金钺，2017 年为诗人陈诵洛和沽上诗坛，2018 年为张仲与天津民俗研究，2019 年为著名书法家龚望，2020 年为盐商遂闲堂张氏家族，2021 年为徐世昌与近代中国，2022 年为著名文化学者陆文郁。

2018 年至 2021 年，受天津市全民阅读活动办公室委托，书院承办了“海河名家读书讲堂”77 讲，邀请一批全国著名专家学者前来主讲。此外，还与南开大学团委、天津图书大厦、中老年时报社等单位合作，举办“专家带你读天津”系列历史文化讲座，前后共 28 场。近 10 年来，有上百位全国知名文化人士，莅临书院主持或参加文化学术活动，在扩大书院影响的同时，也为书院发展注入了越来越多的文化内涵与活力。

书籍是人类的永恒朋友。持续不断地出版书刊，是问津书院重建 10 年的又一成就。书院甫经建立，即与天津古籍出版社、天津社会科学院出版社合作，编印大型天津历史文化丛书“问津文库”，包括“津沽名家诗文丛刊”（17 种）、“津沽史料笔记丛刊”（13 种）、“津沽文化研究集刊”（17 种）、“通俗文学研究集刊”（11 种）、“天津记忆”（30 种）、“名人与天津”（3 种）、“梓里寻珠”（4 种）、“三津谭往”（7 辑）、“九河寻真”（7 辑），以及子丛书“随艺生活”（3 种）、“汛海文丛”（4 种）、“开卷闲书坊”（6 种）。其中，“津沽史料笔记丛刊”被纳入国家“十三五”和“十四五”重点图书出版规划项目。

书院还与天津图书馆合作，编辑影印大型历史资料丛书《天津文献集成》，初编 50 册、33 000 万页，收录稀见天津文献 84 种，2017 年 12 月由天津古籍出版社出版。

书院另编有内部交流资料如下。

《问津》。每月 1 期。围绕历史、文化、民俗等方面，汇集保存天津学人的研究成果。2013 年 1 月至 2023 年 6 月共印行 126 期。

《开卷》。月刊。2014 年至 2020 年与南京“开卷书坊”合作，以刊登名家书话和文坛掌故为主，同时宣传推广各类阅读活动。7年间共印行84期（总第166—249期）。

《品报》。季刊。2014年1月接办，刊登以天津为主的民国北派通俗文学研究成果，2016年10月停刊。自2010年创办共出版36期。

《参差》。不定期。2015年5月，与毛边书研究专家合作，刊登毛边书文化专题资料，宣传普及毛边书文化。2023年6月印行至第10期休刊。

以上4种，被圈内学人称为“问津四雅”。

此外，还于2015年1月创办简报性的《问津双周》，旨在保存当代问津书院各类文献资料，3期后暂停。又拟编印零篇小幅的天津史料活页文存《郁文》，惜未能实现。

书籍是人类文化的精神内核与表达形式，也是永不消退的文化符号。阅读与藏书，是人们在社会生活中的盛宴与尊享。为使人们能够多角度、多意向地了解地方文化，重建的问津书院十分重视各类乡梓文献的深层次积累与阅读普及。书院建有“巷肆书吧”，面积80余平方米，上架图书愈万，包括文学、历史、美术、建筑、生活等领域，是免费对公众开放的社区阅览场所，雅号“双槐书屋”。

书院正在积累建设天津地方文献中心，现已有各类文献和图书资料6000余册，以及部分珍贵的影像资料。日本著名建筑与工业设计大师负责装修设计，拟号“雅雨堂”。长远规划是建成具有规模性的地方文献载记捐赠基地。

三

10年间，问津书院逐渐走出一条属于自己的路：民营企业赞助，文化志愿者组织策划；参与者一是自愿，二是公益。书院没有冗杂的架构，没有紧凑的核心团队，但做事精干高效，执行者积极努力，成效显著。总结这些经验，可为当代书院文化的创新性发展和创造性转化，丰富中华优秀传统文化发展模式与载体，提供一定的借鉴。

习近平总书记在文化传承发展座谈会上指出，中华文明具有突出的连续性，创新性和包容性。这就从根本上决定了中华民族必然走自己的路，用守正不守旧、尊古不复古的进取精神，构筑中国式现代化的文化形态；用中华文化对世界文明兼收并蓄的开放胸怀，使中国特色社会主义道路有了更加宏阔深远的历史纵深。

问津书院重建 10 年取得的绩效，从一个侧面说明，马克思主义和中华优秀传统文化来源不同，但彼此存在高度的契合性。马克思主义和中华优秀传统文化“结合”之后，相互成就，可以拓展中国特色社会主义道路的文化根基。中国式现代化可赋予中华文明现代力量，中华文明又可赋予中国式现代化深厚底蕴。这样，就能够让我们在广阔的文化空间里，充分运用中华优秀传统文化的宝贵资源；在传承中华优秀传统文化过程中推进文化创新的自觉性，并使之达到新高度。

从天津问津书院的历史变迁和重组经验来看，我们应该秉持开放包容，传承发展中华优秀传统文化；用守正创新的正气和锐气，不断赋予书院新的时代内涵与现代表达形式，赓续历史文脉，谱写当代华章，在守望文化与担当历史的同时，继续构建全新的知识空间，打造灵动的文化意境，继续走出一条适合书院自身、可持之以恒的道路来。

关于广州陈氏书院变身博物馆的思考和建议

黄淼章[①]

一、广州陈氏书院概况

广州陈氏书院坐落在广州市荔湾区中山七路恩龙里34号，是清代广东各地陈姓宗族在广州合资建造的合族书院。据史料记载，清光绪十四年（1888年）四月，陈昌朝、陈兰彬、陈伯陶等广东48位陈氏族中乡绅名流，联名向全省各地陈氏宗族发出《广东省各县建造陈氏书院》《议建陈氏书院章程》等信函，邀请各地陈姓族人派员到省城广州商讨修建陈氏书院一事，筹集款项。倡议一出，立即得到广东各地陈氏宗亲的积极响应，海外陈姓华侨闻讯也纷纷慷慨捐资，一时之间形成了一股兴建陈氏书院光宗耀祖的热潮，很快就筹集到一笔巨资。在陈氏族人和建筑商的共同努力下，经过7年时间的精心建造，光绪二十年（1894年），陈氏书院终于落成，其主要功能是为参与捐资建设的陈氏宗族子弟到省会广州备考科举、候任、交纳赋税、办理诉讼等事务提供临时落脚的地方，作为捐资的回报，这些陈氏宗族可以将其祖先牌位放到陈氏书院后院的神龛内供奉。陈

---

① 黄淼章：广东省文史研究馆馆员，广东民间工艺博物馆原馆长。

氏书院原占地面积 36 600 平方米，正门前面原来还有水塘和田地等。由于历史的原因，面积逐步缩小。现占地面积 15 000 平方米，主体建筑 6400 平方米，其中主体建筑平面呈正方形，整体建筑以中路为主线，两边厅堂、厢房围合，院廊穿插。每座单体之间以青云巷相隔，长廊相连。大小 19 座建筑纵横规整，布局严谨对称，空间宽敞，主次分明，厅堂高大雄伟，廊房秀美，庭院幽雅。陈氏书院以集岭南地区民间建筑装饰艺术大成而遐迩闻名。建筑装饰巧妙地运用木雕、砖雕、石雕、陶塑、灰塑、彩绘画和铜铁铸等不同工艺等风格，被称为陈氏书院“七绝”。各种装饰艺术技艺精湛，题材广阔，造型生动，形象传神，具有很高的文化品位，是广东省内现存规模最大、保存最完好、装饰最精美的岭南古书院建筑，被誉为“岭南建筑艺术的明珠”。

陈氏书院俗称陈家祠。书院落成后，一直作为广东各地出资建书院的陈氏族人到广州办理事务时提供落脚地方和联络点，而广东陈姓子弟到广州城中应考科举也在这里居住和温习功课，并作为广东陈姓祭祖的祠堂。1905 年，延续了千年的中国封建科举考试制度终于被废除，陈氏书院不久也顺应历史的潮流改为陈氏实业学堂。1915 年，原在陈氏书院附近的广州市西关昌华东街的私立广东公学，因旧址地方太小，不敷应用，经陈氏族人商量迁入陈氏书院办学。由广东公学创办的《广东学报》也在古书院中编印。1928 年，私立广州体育专科学校在陈氏书院创办，后来又在陈氏书院创办了文范中学、聚贤纪念中学（因陈氏书院最高、最宽、最大的建筑叫聚贤堂而得名）。新中国成立后，1950 年，广州市人民政府在陈氏书院设立广州市行政干部学校，当年有许多干部曾在这里学习和生活，陈氏书院一直在教书育人中发挥其作用。

1957 年，不少广州市人大代表、政协委员认为陈氏书院各种装饰艺术堪为广东民间建筑艺术之总汇，而由广州行政干部学校使用，不利于建筑的长期保护，希望广州市政府重视和保护好陈氏书院，建议政府把陈氏书院拨交给广州市文化局管理。与此同时，市文化局也向广州市人民政府请示，要求将陈氏书院拨交文物部门保护管理。广州市政府同意了人大代表、政协委员的建议。1958 年，由广州市文物管理委员会接收了陈氏书院，并负责书院的维修工作，同时决定利用古书院筹建博物馆。1959 年，以陈氏书院为馆址成立的广东民间工艺馆正式对外开放，收藏了自明清以来大量石湾陶、广彩瓷、象牙雕刻、粤绣、广州木雕等广东民间工艺精品。1994 年，广东民间工艺馆更名为广东民间工艺博物馆，同时也是岭南地区极具传统文化艺术气息的文化旅游景点。

早在 20 世纪 20 年代，德国学者最先将陈氏书院这组建筑载入《世界建筑艺术》一书，几乎同时，日本森清太郎在其编撰的《岭南纪胜》中，把陈氏书院作为中国岭南建筑艺术的典型。郭沫若先生于 1959 年参观陈氏书院时，为其独特的建筑艺术所折服，即席赋诗“天工人可代，人工天不如。果然造世界，胜读十年书”。100 多年来，陈氏书院一直作为岭南优秀的传统建筑文化遗产，广泛地受到国内外建筑学、历史学、民俗学、工艺美术、影视界等多方面的重视。

二、广州陈氏书院的保护与利用

古书院历经百年风雨沧桑而没有遭到破坏，整体建筑风貌完整地保留下来，风采犹存，本身就是一个奇迹。1988 年，陈氏书院被国务院公布为全国重点文物保护单位。历年来，广州市政府投入大量资金修复和保护陈氏书院，并对书院周边环境进行了大规模的整治，拆除了古书院东面陈旧的厂房，筹建了绿化广场。在绿树如荫的掩映下，古色古香的陈氏书院更加引人入胜。2002 年 7 月，陈氏书院又以“古祠留芳”为名入选新世纪羊城八景，每天慕名前来古书院参观的游客络绎不绝。许多外国游客被陈氏书院精美的建筑艺术所折服，古老的书院已成为广州地区外国游客参观最多、最令外国朋友流连忘返的文化旅游景点之一。

广东民间工艺博物馆设址陈氏书院，其建筑本身即为国家级文物保护单位，另馆内收藏各类珍贵文物与现代工艺精品共计 20 000 多件（套），其中国家级珍贵文物近 3000 件（套），是广东省内博物馆中收藏明清以来广东民间工艺精品最为丰富的艺术类博物馆。藏品包含 56 个种类，自成体系，各具特色；包括石湾陶、广彩瓷、象牙雕刻、粤绣、广州木雕、砖雕、石雕等广东本土特色工艺技艺，涵盖广东省大部分已列入国家级、省级、市级非物质文化遗产名录的工艺门类。广东民间工艺博物馆现有“百粤冠祠——陈家祠及岭南建筑装饰艺术”“岭南民间百艺”“广州旧家居”3 个常设展览，另设数字体验馆定时开放。“十三五”期间，博物馆在体制机制、展览展陈、博物馆教育、公众服务、信息化建设、文创开发等各方面取得了较大的进步与发展，还对“百年陈氏书院”“广州旧家居”“岭南民间百艺”等展览进行调整与完善；推出数字体验馆、民间工艺展演厅等更具互动性的展示方式，以丰富观众参观体验；并推出临时展览，改进完善开放服务，观众接待量飞跃提升，从 2016 年的 101.3 万人次上升到 2019 年的 145 万人次。

由于古书院建筑的基础条件受限，陈氏书院作为百年岭南传统古建，建筑结构、空间布局固定，书院内虽有 19 座建筑，但每座建筑内部面积并不大。随着博物馆参观人数的增长，也逐步暴露出不少问题。如停车场太小、展览场地有限等。同时，利用古建筑搞展览，有不少局限，不能乱拆乱改，因此恒温、恒湿、空调、照明等都成问题，不能搞大型的文物展览，现代化多媒体的展示也很难在古书院内进行，加之古建筑本身的脆弱性，已难以满足现代博物馆的发展需求。库房、展厅、办公等功能空间不足、硬件条件较差，改善难度大。安防系统、设备陈旧落后，也存在一定安全隐患。同时，博物馆身处老城区市中心，原址北部征地扩建博物馆新展厅存在较大困难，大大限制了博物馆未来发展。

习近平总书记 2023 年在广州视察时指出，了解今天的中国，要从了解中国的历史开始。① 历史文化记录着文明，知古可鉴今、学史可育人。

---

① 习近平：《习言道：了解今天的中国，要从了解中国的历史开始》，中国新闻网 2023 年 4 月 9 日报道。

文化兴国运兴，文化强民族强。没有高度的文化自信，没有文化的繁荣兴盛，就没有中华民族伟大复兴。因此，陈氏书院作为广东文化的一张名片，已面临如何在原有的基础上、在新的起点继续发展的严峻考验。面对新的机遇和挑战，我们一定要有强烈的危机感和紧迫感，要有忧患意识，“居安思危，思则有备，有备无患”。要不忘初心，砥砺奋进，对书院新世纪的发展目标有更加清醒的认识，要始终保持与时俱进的良好精神状态。形势逼人，不进则退，机不可失，时不再来，要充分认识和开发陈氏书院所蕴藏的潜力，以高度的使命感和责任感做好文物保护和开发利用工作，为此提出如下思考和建议。

其一，坚持保护第一原则，始终坚持把古书院建筑和博物馆藏品的保护放在首位。认真贯彻“保护第一、加强管理、挖掘价值、有效利用、让文物活起来”的新时代文物工作方针，坚持依法保护和科学保护，开拓创新，持续发展，遵循文物保护规律，严守文物建筑安全底线和生命线，建立科学保护文物的长效机制，持续深化数字化技术在文物保护工作中的应用，履行文明传承责任。要充分利用传统岭南建筑风格来感受陈氏书院的历史脉搏，真切体现出南粤特有的地方风格，将现代的民间工艺博物馆和岭南古书院建筑文化融为一体。

其二，要积极争取广东省、广州市政府的大力支持。建议尽快解决好陈氏书院后院5000平方米的征地资金，筹建仿古式陈列楼，扩大博物馆陈列展览面积，使广东民间工艺博物馆历年收藏的许多珍品早日和广大市民见面。在征地问题暂时未能解决前，建议荔湾区对后院旁边严重影响陈家祠景观的旧民居外观进行改造装饰。

其三，加强古书院和博物馆的教育功能，传承与创新教育理念。加强品牌意识，积极开发优质教育活动，打造馆校合作及岭南文化推广品牌活动“民间工艺、非遗进校园”等博物馆教育品牌。进一步拓展馆校合作的广度与深度，使古书院在教育功能中发挥更重要作用。要结合广州地方特色及博物馆自身优势，合理规划博物馆教育的格局与目标，联合高校、社会教育机构等社会力量，开发成年人博物馆教育品牌，鼓励各界社会力量参与博物馆教育资源开发，构建完善包含馆校合作、博物馆研学、展览活动、节庆活动、特色品牌活动五大方向的教育体系，积极探索将博物馆资源与学校教学相结合，持续拓展馆校合作实践的深度与广度。充分发挥古书院建筑庭院等非常规性空间的特殊价值，举办面向本地不同社会群体、不同形式的体验参与式教育活动，完善博物馆教育服务。同时，博物馆要打造更具突破性与原创性的展览，注重国际合作。

其四，要加强自身的管理，扎扎实实、卓有成效的工作。越是激烈地竞争，越是要搞好管理。要加强人才的培养和学术研究，明确馆藏广东民间工艺类文物、岭南建筑装饰如灰塑等重点及特色研究领域，推动古书院和文博科研工作开展。在继续撰写有关陈氏书院保护和开发利用的学术论文的基础上编辑出版有关陈氏书院的研究书籍和通俗出版物，如《陈氏书院的故事》《陈氏书院吉祥图案》《广东民间工艺博物馆馆藏珍品选》《陈氏书院的灰塑》等系列著作，进一步扩大广东民间工艺博物馆在全国文博界的影响。

其五，拓展博物馆线上教育功能，促进线上建设。要推进博物馆云教育，构建线上线下相融合的博物馆传播体系。打造优质云展览，推动博物馆文化服务走上“云端”，进入“指尖”，加大藏品数字化建设力度。从清代百年古建筑到今天的广东民间工艺博物馆，每年参观的人次在 100 万以上。古老陈氏书院华丽转身，继续承载着岭南书香浸润的历史，并融入新时代，焕发新活力，开拓了广州古书院利用的思路，也给广东提供了一个保护和开发利用古书院的成功范例和模式。同时，古书院要保护和开发利用就必须加强和报纸、电视台、互联网等媒体的联系，加强宣传报道，利用互联网全面系统地介绍陈氏书院的建筑和文物展览，让人更加充分认识陈氏书院，把古老的书院点化成鲜活的历史。

其六，携手合作，建设陈氏书院文化旅游区。广东民间工艺博物馆最大程度上保持了其前身陈氏书院古建筑的特色和风貌。要因地制宜，在不破坏陈氏书院建筑本体结构的基础上，积极探索古书院活化利用的新路径。广州市和荔湾区要进一步合作，共同整治陈氏书院周围环境。书院四周低矮的建筑可进行改造和整饰，开辟成为旅游工艺品的商店，出售旅游工艺品和岭南土特产等，完善陈氏书院文化旅游区的各项配套设施。充分利用博物馆所处广州核心老城区的优势，挖掘和活化利用传统民间工艺，鼓励民间工艺大师与博物馆深度合作；发挥陈氏书院历史、文化和地缘优势，联合社区，共同推出文化遗产周等特色活动，打造文化社区概念。使陈氏书院成为广州最有人气和最具特色的文化旅游区，成为现代化大都市广州最亮丽的“文化名片”。

习近平总书记在文化传承发展座谈会上指出，在新的起点上继续推动文化繁荣、建设文化强国、建设中华民族现代文明，是我们在新时代新的文化使命。① 今天，新时代的岭南站在了新的起点，我们要深刻感悟习近平总书记对广东山高水长的关怀厚爱，站到历史文化的高度，真正发自内心热爱广东，用历史意识和文化自觉、用历史文化的智慧，更好地奉献广东，推动岭南文化高质量发展，我们要让城市留下记忆，让人们记住乡愁。让收藏在古书院博物馆里的文物、陈列在广阔大地上的遗产、书写在古籍里的文字都活起来。紧紧抓住建设文化强国和人文湾区这个重要战略机遇期，是古老书院赓续历史文脉、继承书香传统，谱写当代华章，持续发展的千年难逢机遇。“察势者明，趋势者智。”让我们认清形势，因势而谋、顺势而为，我们坚信，在党的二十大精神的指引下，陈氏书院（广东民间工艺博物馆）一定能掌握主动、开拓进取，与时俱进，赢得未来，为广东文化事业在新世纪走向辉煌作出新的贡献。

① 习近平：《在新的历史起点上继续推动文化繁荣——各地各有关部门深入贯彻落实文化传承发展座谈会精神》，新华社 2023 年 7 月 11 日报道。

关于艺术类专业院校组织实施书院教学模式的思考

喻建十①

近年来在教育部指导下，全国各大学不断加强在创新人才培养模式方面的探索，书院的教学育人模式因此受到越来越多院校的关注，并据此进行了各具特色的积极探索，特别是一些著名的综合性大学起步较早，加之又有较为丰富深厚的学科及师资背景，有些已经取得了比较成功的办学经验。但是，在如美术学院这种学科相对单一的艺术专业院校中构建书院创新发展模式，则目前尚未见出有实效者。本文将据此展开重点讨论。

众所周知，所谓的“书院”式教学模式在我国古已有之，并非新鲜事物，只是随着带有浓郁西方色彩的现代大学教育在我国的逐渐普及，“学院”式的教学模式成为正规院校的唯一人才培养模式。

近几十年来在以欧美大学教学模式和教学体系为标准的“专业评估”“学科评估”等一系列办学质量评价机制的外力作用下，教学质量有了显著的提高，一些“高精尖”人才也不断涌现，并在某种程度上也对提升国内院校在国际上的学术地位起到积极作用。但是，正是由于这种过于细化的学科与专业体系的构建，以及鲜明的层次化教育，使得所培养的高端人

---

① 喻建十：天津市文史研究馆研究员，天津美术学院教授。

才中越来越少见具有跨学科跨专业能力的“通才”。为此，尽管教育部屡屡提出将“厚基础、宽口径”作为大学本科教学培养目标定位，但在实际操作中却收效不佳。尤其是近几次“学科目录”和“专业目录”的调整，导致学科与专业不断细化，再加之大学的不断扩招，各专业人数的不断增加，又促成了专业方向也在不断细化，这就进一步加剧了学生知识构成的狭窄化倾向。所以，如何尽可能多地培养具有一定通识性的专门人才就再次被提到大学办学目标上来。由于传统的书院式教学模式与既有的学院式教学模式在教育理念、组织结构、实践操作等诸多方面形成互补，因之也就被越来越多的院校所采用。

对于艺术专业院校来讲，由于大多偏于实践类，随着早出人才、快出人才的需求不断增大，专业和专业方向的细分化愈演愈烈。比如，过去的中国画专业本科生在大四课程中才实施分科（人物、山水、花鸟）教学，但是现在的学生基本在大二就开始了分科教学。如此教学的好处是因为采用了集中精力打歼灭战的方式，使短时间内专业深度有了明显提高，使得参与高水平展示活动的概率大大提高，对学生及早产生知名度大有益处，对学校办学质量的社会评价也形成积极效应。不过，如此攻其一点不及其余的做法，也导致越来越多的学生画山水的不会画人物，画花鸟的不会画山水。更有甚者，有的专业院校为了提高社会知名度，完全以参展参赛为教学目的，自入学起就精心打磨若干件作品，完全忽略对学生的基础素养的培养，从长远看，此类急功近利做法的最终结果是导致学生缺乏可持续发展能力。

最近几年教育部接连推出了“新文科”“交叉学科”的课程建设倡导，并要求艺术类专业院校必须实施大一、大二进行通识课及专业基础课的普修，直至大三再进入专业课程学习。在实际操作中，限于教师构成以及诸多行政管理上的限制，此类改革往往流于形式，换汤不换药。所以，为了从根本上改变上述短视的人才培养模式，将如何培养学生厚积薄发不断精进的能力作为大学办学的主旨，正在开始成为一些艺术类专业院校的主动选择。为此，一方面从入学考试上逐步加大文化素质测试权重，另一方面就是引进书院式教学模式，以此作为学院式教学模式的补充。艺术类专业院校组织实施书院教学模式可以从以下三个方面入手。

一、形成与学院式教学的差异化

（一）弱化专业、强化通识

根据教育部要求，虽说新生入学后要完成基础课（大一）、专业基础课（大二）之后，大三再进入专业课教学，但是学生在弱冠之年并非每个人都能够清楚地认知与自身专业的适配度，虽说可以进行双向选择，但依然会存在乱点鸳鸯谱的现象，更何况艺术史上许多大器晚成的巨匠大师的早年习艺历程都是在不断地转益多师。因此，以某种方式遴选出一批在学科范围内不再细分专业的学生进入书院，在书院的教学环境中逐渐形成真正适合自身特色的专业方向，是一种更好的选择。

（二）交叉融通、本硕联动

在学院式教学模式中，不但本科生和研究生的层级教学互不介入，就是本科生各年级间也是少有互动互通，如此的好处是有利于教学秩序和教学规范的形成，其弊端也是显而易见的，那就是大大减损了后辈与前辈之间的互帮互学效应。实践证明，各年级之间、本科生和研究生之间同学们的“比、学、赶、帮”氛围的形成，会出乎意料地放大教师的讲学效果。所以，不同艺术取向、不同年龄学生在一个共同教学空间的融合，势必会碰撞出奇异的光彩。

（三）着眼远景、不求当下

既然要构建一个有别于学院式教学的人才培养模式，那么，在书院中就不应该将所谓的“早出人才、快出人才”作为教学质量的测评标准，而是要以帮助学生搭建较为全面的人文认知、艺术视野以及实践技能等体系化的教学环境为旨归。虽然就某一大学书院的评价标准和评价机制变了，但在社会总的办学标准没有发生相应改变的情况下，打通学生进学的上升通道，就成为书院能否持续下去的关键所在。

（四）广开师源、不拘一格

多年前教育部就要求在课程体系建设中要适当引进社会优秀人才，其数量以不超过常任教师三分之一为宜。此种掺沙子式的优化师资做法，固然有其积极作用，但因其有许多附加条件的限制，所以并非尽如人意。而书院式教学因为其自身具有游离性，所以在师资的选配上有很大的灵活空间，除了可在全校范围内选聘合格师资外，退休教师、优秀校友、校外专家都可以成为书院讲师。因是全员聘任制，所以不受编制的束缚，由此书院就形成了一池活水。

二、设立工作坊制度

在教学模式的构建上，鉴于艺术院校具有鲜明实操性特征，建立多种类型多种样式的工作坊应该成为一个主要选项。

工作坊是以一名在某个领域富有经验的主讲人为核心，以体验式、互动式、启发式为特点的授受方式，在充分发挥主讲人实践经验的基础上，一次围绕一个主题展开师生互动，各主题间具有一定的关联性。主讲人有理论阐述有实际操演，参与者有讨论也有实践。

各工作坊采取全开放，自主选择，随意流动，积点合分的教学方式，以学期为教学单元，每学期设定一个具有共性的主题，各工作坊围绕此主题结合各自特长设定一系列课题，列入教学计划，提前公布，以便学生选择。

工作坊应采取地点、时间、主讲人，三固定的方式，静态艺术与动态艺术各自形成相对独立的内循环体系，采用体系内轮换开放，体系间并行开放的形式，使学生既有主动选择的可能，又不至于因过于松散而导致无所适从的现象出现。学院式教学中有明显的重技法重实践倾向，而理论素养则又往往是一个高标准艺术家行稳致远的必备条件。为此，在书院中还可以设立不同讲坛，以系列讲座的形式，从方法论、认识论的角度高屋建瓴，传经授道，从而培养学生知其然更知其所以然的能力。

三、创新教学管理方法

（一）固定管理

由于现今大学招生考试的限制，各校难以有更多的自主权，但是不妨在大一下学期再根据书院需求进行选拔考试，比如对美术学科考生而言，入学考试重点测试基础造型能力，那么书院选拔考试中则不妨重点测试文史哲综合素养。如此选拔，既可以避免将造型能力强的学生抽走，形成学院教学的弱化，又可以保证书院生源综合素养的高质量。对由此进入书院的学生可以实施固定管理，按照学生管理规则，单独组建教学管理体系。

（二）灵活管理

在保证书院教学质量的前提下，还应建立健全全校资源共享机制，使那些有意愿的学院学生可根据自身需求适时进出书院，让他们有更多的选择。对于此类学生，则仍保持原有行政班级，由学院负责思政、日常课程及生活管理，由书院负责工作坊、论坛课程管理。

（三）导师制

学校可在书院内部聘请若干教师为研学导师，对学生进行选课、选专业、学习内容及方法、研究方向等指导。对此类活动建立健全评价机制和绩效酬金体系，以调动教师积极性。

（四）弹性学制与完全学分制

目前，由于教育体系机制的限制，弹性学制和完全学分制，往往流于形式，无法真正实施，为了切实保证书院质量，有必要在行政管理机制上有所突破，使学生能够根据教学计划和导师指导修满规定的学分，并在导师指导下根据自己的情况安排学习进度，在 3—6 年内完成学业。

总之，艺术类专业院校书院式教学模式的构建，既不能完全照搬过去师傅带徒弟的旧有样式，也不能不顾实际地脱离现有学校行政管理体系，如何在其间寻得突破与创新，则看教学行政管理者的智慧与胆魄了。